JN329714

死の意味と量子論

川又 三智彦

高木書房

はしがき

量子「あの世」の存在を証明する？　大実験が始まる

あなたは、「あの世」の存在を信じますか。

前著『人生の意味と量子論』の第六章「死後の世界と量子論」で、私は、臨死体験者の経験や量子力学が「あの世」の存在を証明する科学になるかもしれないと書きましたが、量子力学の研究は、まさに「あの世」の存在を証明する、その段階にまできています。

二〇〇九年七月、スイスとフランスの国境にある欧州原子核研究機構、通称、セルンに設けられた世界最大の加速器ＬＨＣで、二つの大実験が始まろうとしているからです。

一つは、エネルギーから物質が生まれることを証明する、「ヒッグス粒子」と呼ばれる素粒子を発見する実験です。

もう一つは、「五次元世界」の存在を確かめようとする実験です。

東京山手線一周の距離にあたる巨大な加速器を使って、原子二つを光速のスピードまで加速して互いをぶつけることで、ばらばらになった素粒子からその証明となる素粒子を見つけ出そうというのです。

子供の頃、いわばラジオがなぜ鳴るのかを細かく分解して調べた人もいるかと思いますが、ラジオの分解と同じように素粒子同士をぶつけて、物質を構成する元の元を探る、人類最大の発見への挑戦がいままさに始まろうとしているのです。

各々の理論を提唱している物理学者ロジャー・ペンローズ氏も、ハーバード大学のリサ・ランドール博士も、我々が生きているこの宇宙とは別に、――「あの世」とは表現していませんが――空間や次元が存在すると言っています。

もし、この両氏が言う、目には見ることができない世界がこの同一空間に存在するとなれば、それは素直に「あの世」と表現した方が私たちにはわかり易いのではないでしょうか。

「インターネット」上には、これまで人類が蓄積してきた情報から、知識、そして個人の考え方、生き方が伝えられるブログまで、この地球に存在するあらゆる情報が集められ、世界のどこからでもアクセスできる環境、ユビキタス社会も出来上がりつつあります。

まさにこのインターネットこそ、人類がこの世で作り出そうとしているあの世のデータベース「アカシックレコード」そのものと私は考えていますが、この欧州セルンがこのインターネットの生まれ故郷です。この欧州セルンで、今度は「あの世」の存在そのものを証明しようという二つの実験が始まるのですから、これはまさにとんでもない共時現象が始まろうとしていると言えるのではないでしょうか。

この壮大な実験が始まるこの時期に、私はこの『死の意味と量子論』を著して、死をタブーにしてしまった現代日本に一石を投じようとしているのも、単なる偶然ではないはずだと思っています。

欧州セルンの大実験が、一体何を意味しているのか。今はわからなくても、五年、十年と経てば、「あの時がそうだったのか」という、大きな意味が出てくることになるのだと思っています。

前著に書いたことをそのまま体験させられた

死をテーマに本書を著することになった発端は、前著『人生の意味と量子論』が大きく関係しています。

「あの世」の存在が科学的に証明されるかもしれないというのもそうですが、その第六章「死後の世界と量子論」では、「あの世」の存在や「この世」との関係、死の意味などについても書きました。

それを出版してちょうど十日後、私自身が臨死体験をして、そこに書いたことそのままを実体験させられたのです。

しかも生き返ってからの体験が、どれをとっても人生のどん底を感じさせるような出来事ばかりでした。

わずか八ヵ月の間に

二度の脳梗塞

心血を注いできた事業の理不尽な打ち切り

七百九十億円の会社破産

八百三十億円の自己破産
を体験したのです。
なぜ自分はこのような体験をしなければならないのかを考えさせられ、私は自分が前著のタイトルとした「人生の意味」について思い知らされました。
そうして実感した生きることの意味を、私なりにまとめてみたのが本書です。

死後の世界、あの世と言うと、忌み嫌うもの、考えたくはないものと捉えられがちですが、たった一つ、間違いない事実は、「人は死ぬ」ということです。

生まれてきた以上、避けては通れないのが、「死」です。

私が死を真剣に考えることで見えてきたのは、
私たちは常にあの世とつながって生きていること。

自分のいい死に方は、自分の生き方を考えなければ出てこないこと。

一日、一日を懸命に生きていれば、突然、人生を終えることになっても満足できること。

などなど、まさにこの世での「生き方」そのものだったのです。

「なぜ死ぬことについて考えることが生きることにつながるのか」と、不思議に思っておられる方もおられるかと思います。

その理由をこれからお話することにしましょう。

そしてその理由に気付くとき、貴方は貴方ご自身の人生をどう生きればいいのかに気付いているはずです。

—目　次—

第三章　常に「あの世」を意識して生きる

第五章　量子論の活かし方

第一章　「臨死体験」と「自己破産」

あの世に行ってきた？

人間、一生のうちに、「破産」、「大病」、「投獄」のうち、どれか一つでも体験すれば大成すると言われています。事実そういう人がおりますので、確かなことかもしれません。でも普通の感覚からすれば、どれをとっても経験したくはないものばかりです。

それを私は、アメリカ留学の時に「投獄」を、そしてこのわずか八ヵ月のうちに、残りの「破産」と「大病」を体験してしまいました。

三つとも体験した私は、立派な経営者――となるかどうかは、これからの私の生き方にかかってくるわけですが――「臨死体験」と「自己破産」の体験から、自らが生きる道とやるべきことが確信のように、はっきりと見えてきました。

今から思えば、もうこれで終わりという時、私には不思議な奇蹟がいつも起きています。――量子論的に言えば、奇蹟でも不思議でも何でもないことなのですが……

それは、アメリカでの体験がその最初かもしれません。投獄は突然やってきました。街中を仲間と一緒に歩いた時のことです。いきなり警察が近寄ってきて私を捕まえたのです。そしてそのまま警察署に連れて行かれ、留置所に放り込まれました。

「なぜこんなことになったのか」、理由はわかりません。

当時はまだ、社会での人生経験が少ない十九歳です。訳もわからず、いきなり牢屋に入れられたわけですから、気が動転してしまいました。

ところが、当時はまだ日本人が少なかったためでしょうか、非常に珍しがられ、留置所内で厚遇されてしまったのです。

地獄で仏に逢うとは、このことです。本当に助かりました。

私には、こういうあり得ないようなことが起こるのです。

これは単に自惚れではなく、今回の「臨死体験」と「自己破産」でもそうでした。

二〇〇八年八月、前著である『人生の意味と量子論』を出しました。その中で、「最先端の物理学である量子力学が「死後の世界」を科学的に証明することになるかもしれない」と一つの章をあえて設けて書きました。

これまでにも「死後の世界と量子論」と題して何度も講演してきましたが、本にまとめて書いたのは初めてでした。いよいよその本が出来たことで、出版記念を兼ねた講演会を開こ

う と考え、その日を八月二十八日に決めました。

ところがその矢先、私は「臨死体験」を実体験させられたのです。

それも、その体験が『人生の意味と量子論』の中で書いた内容そのままだったのです。

さらに驚くことは、二度も脳梗塞で倒れ、臨死体験をさせられ、元気で戻ってきたということです。

死んでもおかしくない状況に遭いながら、生き返ったのはやはり何らかの意味があるはずです。「ある出来事が偶然に起きることはない。すべて必然で起きている」と伝えているのが量子論です。今度は、私自身の「臨死体験」の意味を考えてみたくなりました。

同じ体験をして、自分は「生かされた」と感じている人は多くいると思います。その意味を量子論的に説き明かしていこうと思います。

それではまず、私自身が体験したその経緯からお話ししていきましょう。

私は死んでいた？　それも自殺で

右手右足が勝手に動く

それは八月二十日夜のことでした。仕事が終わり、この日は夜の予定がなかったので早めに帰宅しました。こういう時は、いつも仮眠をすることにしています。

――自分の部屋に置いてある電動マッサージチェアに横になって――

いつも一時間くらいで起きるようにしていますので、目覚まし時計をそのようにセットして寝ました。ところがこの日は疲れていたのでしょう、無意識のうちに目覚まし時計を止めてしまい、そのまま寝込んでしまいました。

三時間ほど経って、家族が帰宅したことで目が覚めます。

「何で三時間も寝てしまったのだろう。疲れているのかなあ。何かおかしいぞ」と思いつつも、日課である犬の散歩に出かけました。その道々、やっぱり身体の動きがおかしい。

十五分くらい家の周りを散歩して帰ってきたのですが、その時にはもう真っ直ぐに歩くことができなくなっていました。

普段健康でいると、自分が突然病気になるなど、思いもしません。

――でも、だんだんとおかしくなっていく――

不思議ですね、こういう時は短時間のうちにいろんなことが思い出されます。実はこうした状況になったのは初めてではなかったのです。十数年前に経験していたことなので、「またか」と思ったのですが、一度経験していますから、どうすれば良いかもわかっていました。

その経験というのは、車の中で起こりました。子供をサマースクールに送った帰りの出来事です。疲れを感じたので、このまま運転していては危ないと思い、車を止めてクーラーをかけたまま一時間くらい眠りました。

目を覚まして、帰ろうと運転を始めた、その時です。右手が自分の意思とは関係なく勝手に動くではありませんか。そのうちに右足も同じようになって、いわば「舞踏病」のような状態になったのです。

車の運転中に、右手、右足が勝手に動くことを想像してみてください。右足が勝手にアクセルを踏み込んだり、右手が勝手に急ハンドルを切ったりすれば大事故になります。

それでもし死亡事故でも起こしたならば、「自殺した」としか思われなかったでしょう。

誰も私が「舞踏病」のような状況になったことを知らないからです。

とにかく怖くなって、再び車を止めました。

「これはクーラーのかけっ放しで寝たのが悪い。まずは身体を暖めなければ」と思い、車の暖房をかけたり運動をしたりして身体を暖めました。幸いその時は、二時間くらいで症状はなくなりました。

そんな体験から私は、夏の冷房には特に気を配り、自分の部屋では冷房を使わないで寝るようにしています。ただ、隣の廊下には我が家の犬の居場所があり、暑い夏の日には冷房を入れたままで寝ます。でもそれで、今までは何の問題もありませんでした。

しかし、この八月二十日の夜は違っていました。

犬というのは、自分を可愛がってくれる人のところに行こうとします。後でわかったことですが、この日は私がぐっすりと寝ている時に、犬がドアを開けて入ってきたのです。そのため私は、冷房が利いた状態で寝ていたことになり、すっかり身体が冷え切ってしまったのです。

障害者、要介護者の気持ちがわかる

身体が冷えきったために、十数年前と同じような症状が出てしまった、と思った私は、とにかく身体を暖めることだけを考えました。

それに、家族にはこの状態を知られたくないと思いました。

ですから私は、身体がおかしいと感じながらも、意識して普段と同じようにふるまうことにしました。

我が家では、いつもだいたい夜十時頃に家族と食事をとります。私は、身体を暖めなければと思っていますから、スウェットとパーカーを着て食卓に向かいました。

夏にこんな格好をするわけですから、家族は「何かおかしい」と思って当然でしょう。でも私は、「ダイエットをしているから」と、その場をごまかして、自分の部屋に戻りました。

その後はいつもなら、午前一時くらいまでネットでの情報を整理します。ところがこの日は、パソコンの電源は入れられても、指が動きません。これでは「パソコンは無理だな」と思い、新聞のチェックくらいならできるだろうと、いつものように整理を始めました。ところが、これも駄目でした。もう机の上に新聞を並べるのは無理になっていたのです。

それでも私は、机の上が駄目なら床に並べるくらい出来るだろうと思ってやり始めました。ところが、さっきまで動かなかった右手右足が勝手に動き出して、あちこちにぶつけてアザだらけになってしまったのです。

パソコンも駄目、新聞整理も駄目、やはり自分の体はおかしくなっている。そう思って諦めればいいのに、それでもなおかつ何かできるはずだと思って、今度は本を読み始めますが、全然、頭に入ってきません。それならビデオを見ようと思いましたが、これもまた操作が思うようにできなくなっていました。

この時に初めて、自分の身体が限界を超えた状態に置かれていることを感じたのです。

身体の動きはおかしくなっても、頭はしっかりしています。夏ですから、身体は汗だくになっています。お風呂に入ろうと思いました。ところが着替えが大変でした。半身不随の方がまだましです。片方が動かなくても、動く片方でなんとかなるからです。

私の手足は勝手に動き、あちこちにぶつけながら、ようやく着替えることができたのですが、こんな痛い思いをしながら着替えをしたのは初めてです。

自分がこうなって、初めて身体が不自由な人の気持ちがわかったような気がします。日々大変な思いをしているということを思い知らされました。

介護ビジネスや村ごと介護施設を作ろうとしている私にとって、本当に貴重な経験をしたことになります。そう考えると、自らが経験をしたと言うより、経験させられたのだと思っています。

襲いかかってきたハサミ

何事も後で言うのは簡単です。「どうしてこの時点で奥さんを起こして、救急車を呼ばなかったのか」とよく言われます。今になれば、当然そういうことになるでしょう。でもこの時の私は、以前の経験から、また同じように暖めておけば治るだろうと勝手に思い込んでおり、そこまで大変な状態になるとは思ってもいませんでした。

それに、こういう場合に備えて私には、信念としている行動原則があったからです。自分の身体が限界を感じた時には「食べて寝る」ことです。

私は、その通りに行動しました。

ところが、それが私の生涯において最初で最後の出来事を引き起こすことになるのです。詳しく述べることにしましょう。

私の場合、何にでも効く薬は風邪薬です。今回も風邪薬を飲めば、なんとかなるのではないかと思いつきました。薬を飲むためには、何かを食べないといけない。そう思って冷蔵庫を探すと、カレーうどんがありました。

「これなら身体も暖まるし一番いい」

ところが、右手右足が勝手に動いている状態です。いつもなら簡単にできていることが、なんと大変なことか。常日頃、当たり前のようにやっていることが、実は大変なことなんだということを思い知らされました。


普通に手を使える人は、その状態をなかなか想像できないかもしれませんが、うどんを箱から取り出すのも一苦労です。やっとの思いで中身を引きだしたものの、スープとうどんが、それぞれにラップされているではありませんか。

いつもなら簡単に開けられるラップが、開けられないのです。

どうやったらラップを開けることができるのか、考え込んでしまいました。こんなつまらないことで悩んだ人はまずいないと思いますが、身体が不自由になるというのはそういうことなのです。

実際に片手だけでラップを開けるのは、至難の業です。

そこで思いついたのが、包丁です。——パックを切ればいいのだから簡単にできる——と思ったのですが、手が勝手に動き、「これは危ない」と思いました。この判断は、今考えても冷静だったと思います。そこで目に入ったのが調理用のハサミです。

ハサミの先でラップを引っ掛ければいい。――おお、我ながらいいアイデアだ――と思ったところまではよかったのですが、思わぬことになりました。

ラップされているスープとうどんをまな板の上に置いて、左手で押さえて、自由がきかない右手でハサミを持ち――ハサミの先をラップに引っ掛けて――引き裂いた瞬間、勢い余ってハサミの先が私の頭のこめかみに突き刺さろうとしたのです。

しかし幸いにも、突き刺さる寸前で手が止まりました。

まさに、空手でいう「寸止め」です。

なぜそこで手が止まったのか、それはわかりません。なにか見えない力が自分に働いたのではないか、としか言いようがありません。

死んでも死にきれない思い

もし私が、こんな状況で死んでいたとしたら、どう思われるでしょう。

状況から言えば、自分が持っているハサミで頭を突き刺して死んでいるわけですから、どう考えても自殺です。しかも突然の出来事ですから、遺書はありません。警察は「この状況から考えて、自殺としか判断のしようがない」と思うでしょう。

――いや、そうではない。手足が勝手に動いたのであって不可抗力です――と、あの世から私が叫んでも、そういう病気になったこと自体、誰も知りません。テレビドラマに出てくる名刑事でも、「病死」とは気づかないでしょう。

解剖をしたとしても、病死の証拠となる腫瘍が、頭にハサミが刺さっていることで、それもなくなっているでしょう。

「食べて寝よう」と思っただけなのに、自殺したなんて言われたくありません。

日頃の講演会でも私は、「自殺はしないでください。傍迷惑ですから」と言っています。また、「人間は心配しないでもいつかは死ぬのだから、なぜ死に急ぐのか」と、いつも言っていますし、前著でも書きました。

そう言っている本人が、自殺したということになるのですから、洒落にもなりません。これでは、死んでも死にきれません。

でも、本当に死んでいたら、ワイドショーなどは面白おかしく取り上げていたことでしょう。スポーツ新聞の一面にも出たかもしれません。

そんな報道をみて、「そうじゃないんだ、病死なんだ」と、あの世から必死に叫ぶ自分を想像したら、それこそ大笑いです。

それでも家族を起こそうとは思いませんでした。なんとかカレーうどんを作ることができたからです。「さあ、これで食べて寝られる」と思ったのも束の間、今度は箸が持てない。スプーンもだめ、フォークもだめ。最後は左手で鍋をもってそのまま啜《すす》ろうと思ったのですが、鍋をひっくり返せば今度はやけどです。

死ぬ思いをしてまで作ったうどんなのに、結局は食べられませんでした。

それでも何か食べないといけない――なかなか執念深い――と思って、固くなったパンやケーキを食べて、ようやく薬を飲みました。

最初から手に届くところにあるものを食べて薬を飲んでいれば、死ぬ思いをすることもなかったでしょうが、うどんを作ろうとしたのは、何らかの意味があったはずです。

風邪薬が効いてきたおかげで、勝手に動いていた手足がおさまってきました。眠くなったことで高ぶっていた神経が麻痺してきたからでしょうか。やはり私とって風邪薬は、有効な手段であることがわかりました。

そして朝になり、家族が揃ったところで昨晩の出来事をすべて話しました。「そんなことがあったの」と驚いていましたが、なにはともあれすぐさま掛りつけの医師のところへ行くことになりました。

そこから信じられないような共時現象が始まるのです。

入院の時から共時現象は始まった

とにかく病院に行くことにしました。

それでも、救急車を呼ぼうとは思いませんでした。救急車だとどこの病院に連れて行かれるかわからないからです。そこでとにかく私の身体の事を一番わかっている、掛り付けの医師のところへ行きました。

しかし、その医師からは、「症状をみるかぎり、これは脳外科で、うちには検査のための設備がありません。紹介状を書きますから、すぐにでもそこへ行ってください」と言われてしまいました。

近くには、検査設備の整った大学病院があります。普通なら、そこを紹介していいはずですが、その医師は、「この病院は先生の人柄がいいですから」と言って、別の病院を選んでくれたのです。

急患で来ている私に、設備の良し悪しではなく、医師の人柄で病院を選ぶこと自体が、信じられないことでした。

そしてここから、共時現象は始まったのです。

この共時現象とは、「意味のある偶然」（心理学者ユングの言葉）のことを言います。自分があの人と会いたいなと思った瞬間に、その相手から電話が掛かってきたとか、街角で出会ったとか、そういう経験をした人もいると思いますが、そんな出来事のことを言います。

その病院に向う途中、私は意識もあり、車の中から風景を眺めていました。すると、「これはどこかで見たことがある」と感じたのです。初めての感じがしないわけです。そして着いた途端、ここは私の父親が亡くなった病院であることに気付きました。

私の掛り付けの医師が、父親のことを知っているはずはありません。

量子論では「偶然はあり得ない。全ては必然で起きる」と言うのですから、私がこの病院に連れて来られたのも、必然であるはずです。

瞬間に、「やはり父だ」、「父がこの病院を選んで私を連れてきたのだ」と思ったのです。あの世からの見えない力によって、私はこの病院へと連れて来られたのだと感じたのです。

病院に着いてから私は意識を失ってしまいます。それまでの間、私の意識がしっかりしていたのも、今から思えば、「ここに連れてきたのは、父であることを意識させよう」ということだったのかもしれません。

亡き父からのメッセージ

意識が戻った後、私が最初に連絡したのは、長年親しくしている友人でした。彼は医師です。入院している病院のことを話したところ、「その病院のことならよく知っている。院長は私の病院にいた人で、腕は確かだ。だからそこでおとなしくしていろ」と言うのです。

こんなことがあるでしょうか。亡き父に導かれるように連れて来られた病院が、私の長年の友人が信頼している医師の病院だったのです。いわば、私が救われる道筋が一瞬で決められていたとしか思えません。

「なぜこんなことが起きたのか」と考えれば考えるほど、亡き父からのメッセージを受け取るために、この病院に運ばれてきたのではないかと思いました。

なぜこんな出来事が重なって、私は助かったのだろう。

しかも、父親が亡くなった病院になぜ連れて来られたのだろう。

この答がどこかにあるはずだ。

助かってずっと考えていたのは、「父親が私に何かを伝えたくて、ここに連れてきたのではないか」ということでした。

まず感じ取ったのは、「世のため、人のためにやろうとしていることは立派だが、自分が本当に困っている人と同じ経験をして痛い目に遭わなければ、本当のことはわからないだろう」ということです。

介護にしても、村ごと介護施設として考えている「昭和三十年代村」にしても、「お前はそこでどんなことをしようとしているのか」と、亡き父に問われた気がしたのです。

私はこの入院で、車いすでの生活もしました。初めての経験です。自分が車いすに乗って初めて乗っている人の気持ちがわかったのです。

自分が痛い思いをすれば、痛い思いをしている人の本当の気持ちがわかる。私に車いす生活をさせて、何かを感じ取らせようとしたのかもしれません。

意識が戻ってからというもの、私の頭の中に、介護の道具はこうしたらいいとか、車いすはこう変えるべきだとか、いろんな工夫が浮かんできました。まさに「あの世の父親からのメッセージ」とでも言うべきアイデアがどんどん頭の中に出てきました。

また、自分が初めて入院患者になったことで、気付いたことも多々ありました。

病室自体が患者本位で作られていないのではないか。そう感じたのです。

「看護師本位でもなく、医者本位でもない、患者本位で考えたものを作れ」

これが最初に感じた、亡き父からのメッセージでした。


さらに、私が生涯の使命と感じて計画を進めている「昭和三十年代村」についても、

「これから大きな障害が出てきたとしても、みんながハッピーになるように尽くしなさい」

と言われているような気がしました。

そして父は、ハッキリとしたメッセージを送ってきたのです。

「これは絶対に成功するから、そう信じてやりなさい」

父がそう語りかけてきたのです。父の言葉として私はハッキリと聞いたのです。

亡くなった人が語りかけてくるなど、あり得ないと思われるかもしれませんが、私の記憶には父からの言葉として残っているのです。

再びあの世へ　二度目の脳梗塞

医者を前にして倒れる

一度の経験だけでは不十分だったのでしょうか。

私は再び、臨死体験をさせられることになります。

九月になって、ウィークリーマンションの営業権を譲渡した米リーマン・ブラザースが突然、経営破綻しました。

八月に倒れた私は、入院しながら時々会社に顔を出していたのですが、こういう事態になるともう病院でゆっくり寝ているわけにはいきません。そこで退院したわけですが、脳梗塞で倒れたとは思えないほど、身体は自由に動くし、気力も充実。仕事をこれまで以上にやり始めました。

そして十月下旬、「昭和三十年代村」の打ち合わせがあり、静岡の伊東に行きました。わずか一ヵ月余りでそこまで回復していたのですから、自分でも驚きです。

ところが、その日の帰りがけの電車の中で、何となく調子が悪くなってきたのです。ただ自分としては、「急に動き過ぎたから調子が悪くなっているだけであって、休めば治る」と思い、そのまま帰宅して、早めに寝ました。

しかし、翌朝になっても調子は戻りません。大事をとってタクシーを呼び、一人で病院に行き、待合室で自分の順番を待ちました。

そして自分の番が来て、医師の前に座った時から異常が現われ始めたのです。症状を説明しているうちに、口が回らなくなってしまったのです。「あれ」と思ったら、今度は右手が動きません。

力が入らないので、左手で支えてみたら、右手が冷たくなっていくのを感じました。

そして、右から倒れてしまったのです。

――こんなことがあるでしょうか。

これが、二度目の脳梗塞になった瞬間です。

脳梗塞は時間が勝負と言われます。処置が早ければ早いほど、助かる確率も高く、後遺症も残りません。私は、まさに医師の目の前で倒れているのです。もし車の中とか、他の場所でそうなっていたら、どうなっていたでしょうか。

これもまた共時現象以外のなにものでもありません。

ここで、一回目の時には無かった体験を、今回はさせられました。自分が気を失っていく瞬間、自分の死について考えさせられたのです。

倒れゆく瞬間に思ったこと

臨死体験者の話を聞くと、「自分の過去がすべて映し出されてくるフラッシュバックを経験する」そうですが、私の場合、それとは違いました。

「あれ、自分はこのまま終わってしまうのかな」と思いました。

最初に考えたのは、家族のことです。

思い残したことがあるとすれば、次男のことでした。

長男は大学を出て働き始めていますので、親の役割は一応一区切りしています。次男は中学生ですので、将来が気がかりだったのです。でも、家内がしっかりしているから大丈夫だろう。なんとかするはずだと思ったら安心しました。

そして、自分の人生について考え始めました。

自分がやってきたこと――必然的にやらされたということも含めて――、人の五倍から十倍、中身のある人生を送ることができたのではないだろうか。これだけ波乱万丈の人生を送った人もいないだろうから、人生に悔いが残るようなことは決してない。

今の時代で六十歳は早いと思われるかもしれないが、私としては「もう充分に生きた」と思える人生だった。「これでいいかな」と思いながら、意識を失ったのです。

傍からみれば、身体が倒れていくのはほんの一瞬の出来事なのでしょうが、これだけのことがその一瞬に考えられたわけです。自分の人生すべてを振り返って、「満足できる人生だった」と思えたのです。

このまま意識が戻らなければ、私はもうあの世に行っていたことになります。

しかし、残念ながら——というか有難いというか——ベッドの上で目が覚めたのです。

意識が戻った時は、普通に目が覚めたという感じです。特に、脳梗塞で意識を失ったという感覚はありませんでした。

その瞬間、「ああ、自分は生き返ったんだ」と気付いたのです。同時に、「これでまた、もうひと頑張りしなければならないのか」、という思いも出てきました。

しかし、あのまま死んだとしても、自分が死ぬ瞬間に、「ああこれでよかった」と思えるような生き方ができたことが、生き返ったことよりも幸せであると感じました。

私は前著『人生の意味と量子論』の中で、死ぬ瞬間「死にたくないとか、やり残したことがあるとか、こんなはずじゃなかったと考えるのではなく、これでよかったと思えるような生き方をした方がいい」と書きました。

それを実際に体験してみると、「死ぬ瞬間に、これでよかった」と思える人生を送ることが一番の幸せであるとわかったのです。

このことを感じ取るために、私は二度目の臨死体験をさせられたのかもしれません。

七九〇億円の会社破産で法的にも死んだ

ある日、突然差し押さえに

二度も脳梗塞で倒れながら、その二度とも信じられないような共時現象で救われた私は、それだけでも大きな体験なのに、次に待っているものがありました。

会社の破産と、自己破産です。

その額、七九〇億円の会社破産と、八三〇億円の自己破産です。

老朽化した部屋の有効利用として、最初、六室から始めたウィークリーマンションがヒットし、それがバブル経済と重なり――銀行トップの「どうか借りてください」という言葉に踊らされ――借入総額は一五〇〇億円まで膨らんでいました。

その借入金でウィークリーマンションの建設をどんどん進めていたわけですが、平成二年（一九九〇年）三月、大蔵省が出した一通の通達――不動産融資に関する総量規制――でバブル崩壊が始まり、私の人生も一変してしまいます。

私が『週刊現代』で、日本の富豪の一人として取り上げられたときは、資産価値、二五〇〇億円とも、三〇〇〇億円とも言われていました。資産だけがバブル崩壊で暴落し、借金一五〇〇億円はそっくりそのまま残ったのです。

借りたものは返さなければなりません。大蔵省通達で融資を止められてからは、なんとか返済しようと物件を売却したり、工事途中の物件はゼネコンさんにお願いして工事完成後に支払いをするなど、できる限りのことをやってきました。

負債の処理にあたっては、国の政策もあって、もっと早く法的に整理する機会もありましたが、私は自力で返すことだけを考えて、不動産の運用から入ってくる日銭を頼りに、「なんとかなる」と思って、十九年間で七九〇億円まで減らしてきていたのです。

本当にあと十年もあれば、借金を全部きれいにして出直せると思っていた矢先、思わぬことが起きてしまいました。


今まで何の関係もなかった外資系金融業者がわずかの債権を買い取って、その債権をもとに、収入源である日銭を差し押さえにかかってきたのです。これまで辛抱強く支えて頂いた銀行や他の債権者が、そのような行動に出てくることはありませんでした。

――そんなことをされると、これまで支えて頂いた方々にご迷惑をかけてしまう――

その外資に勝手に利益を持っていかれないようにするために、会社自体を清算するしか手立てがなくなってしまったのです。

亡き母が築いた会社を清算

この一五〇〇億円という借金を背負ってきたのは、資本金五〇〇〇万円の司建物管理という有限会社でした。もともと町の不動産屋にすぎなかった小さな会社です。

一方、融資して頂いた銀行は、いずれも大銀行である興銀、長銀、日債銀です。「お宅のような有限会社にうちがご融資するのは初めてです」と言われていたのですが、その言葉は最初で最後になってしまいました。金融危機でこの三銀行ともなくなってしまったからです。

バブル崩壊、その後の金融危機の荒波の中でもこの有限会社は、生き残ってきました。大銀行が潰れ、小さな有限会社が生き残る。しかもその小さな会社が十九年間かけて、借金を七〇〇億円も返済してきた。

いずれも、あり得ないことばかりでここまできたのです。

しかし今度は、この会社を清算しなければならなくなったのです。

この司建物管理有限会社は、私が亡き母から受け継いだ会社であり、母の思いが一番詰まった会社です。この会社をここで整理しなければならなくなったのは、私としては何ものにも代え難いことで、無念としか言いようがありません。

「時間さえあれば、払い終えることができたのに」と思うとなおさらです。

バブル崩壊での大きな借金、二度の脳梗塞、亡き母から譲り受けた会社の清算。嫌というほどのどん底を経験させられながら、それでも、私も、会社も生きています。

なぜ、このようなことばかりが私の身の回りに起きるのでしょうか。きっと何か重要な意味があると思えてなりません。これを量子論的に考えてみたいと思います。

やはり偶然はあり得ない

奇蹟体験を紹介するテレビ番組があります。それを見ていると、「こんなことがあっていいのか」という偶然が幾つも重なり、命が助かったとか、九死に一生を得たというような信じられない出来事が出てきます。

再現ドラマで放映されるためでしょうか、最初からこの命は助かるように、映像をつくっているようにさえ思えてしまいます。だからこそそんなことはあり得ない、とても信じられない、と感じる人もいるかもしれません。でも奇蹟は、現実に起きているのです。

私に起きたこともまた、九死に一生のドラマのように、幾つもの共時現象が重なり合って起きています。

脳梗塞に遭いながら、なぜ私は以前となんら変わらない生活、仕事ができているのか。まさに奇蹟としか言いようがありません。

それらを振り返ってみると、私の場合、あの世から何らかの力が働いて命が救われたとしか考えようがないのです。前著で「あの世は私たちを助けるように絶えず応援してくれている」と書きましたが、その言葉通りのことを、私は身をもって経験させられたのです。

父が亡くなった病院に連れていかれたのも、偶然ではないはずです。その院長が長年の友人が知っている脳外科の名医だったことも、偶然とは考えられません。そして、一度ならず二度までも臨死体験させられたことも、偶然ではないはずです。私には、やはりこれは「必然で起きた」と自然に考えることが出来たのです。亡くなった父の声が聞こえたのも、量子論的に言うと、あの世と私の意識がコンタクトしているという証拠です。私の意識があの世の一歩手前まで行ったことで、より強くつながったからではないかと思っています。

自分の身近な人の意識は、あの世に逝ったからといって無くなったわけではありません。「集合的無意識」という形でつながっているので、いつもこちらを見ているし、こちらの思いも通じるようになっています。そしてその人との関係が現世で強かったほど、この世にいる自分をずっと見守ってくれているのです。

たとえば、親子なら、この世でずっと愛してくれていたように、あの世からもずっと愛を持って見守ってくれているのです。

私の父親もずっと私のことを見守ってくれていたのでしょう。

だから、この信じられないようなことが度重なって起きたのを、「ああ、父だ」と直観的に感じとれたと思うのです。

あの世へと意識を向けてみる

私はこうした出来事によって考え始めたのは、あの世へと意識を向けてみることでした。お盆にお墓参りに行くことはあっても、何らかのきっかけがない限り、あの世を意識したり、毎日仏壇に手を合わせたりすることはないのかもしれません。私も母親が亡くなるまでは、そうでした。

今では朝晩、仏壇に手を合わせていますが、身近な人、親でも、友達でも、兄弟でも、先生に逝った人のことを思い出して考えてあげることが一番大事ではないかと思い始めました。

ではあの世を意識するとは、どういう意味があるのでしょうか。詳しくは第三章に述べますが、その意味とは、あの世からのメッセージが受け取れるように、自分のレセプター（受け皿）を開くことということです。（五十ページ参照）

仏壇や神棚、お墓や写真は、そのきっかけを作ってくれているのです。

先に逝った人のことを思い出すことによって、先に逝った人が、全体の集合的無意識につながる中継役となり、あの世とのコンタクトを可能にし、レセプターでメッセージを受け取ることができるというわけです。

ですから、私が体験したような共時現象が起きるのです。

と言っても、あの世にいる人に「こうして欲しい」「ああして欲しい」とお願いしても、共時現象は起きるものではありませんし、幸運を運んできてくれるわけでもありません。

この世にいる人間は勝手ですから、「神様、仏様、ご先祖様、このビジネスがどうかうまくいきますように」とついついお願いしてしまいますが、それがうまく通じた例はありません。

では、どうすればいいのでしょうか。

願うのではなく、「感謝」するのです。

「今日一日、無事に過ごせました。ありがとうございます」という感謝の気持ちでいれば、いいことが必ずあります。

たとえビジネスはうまくいかなくても、それに代わることを引き起こすように働きかけてくれるのです。

毎日、仏壇や神棚の水を取り替えて手を合わせて、感謝する。

これを信じて、やってみてください。あの世からのメッセージが私に届いたように、貴方にも届くはずです。

これを量子論的に説明すれば、あの世とこの世は一体で、われわれは集合的無意識から出てきたほんの一部だということです。肉体を持っているがゆえに、自分は単独の意識でいるだけで、常にあの世とはつながっているのです。

このことを絶えず意識させてくれるための「出窓」のようなものが、仏壇、神棚、お墓なのです。それらの前で手を合わせる。それで自分が、あの世とつながっていることを確認することができるのです。

今からでも亡くなった大切な人のことを思い出して、あの世とのコンタクトをしてみてください。

意識はエネルギー

意識とはエネルギーです。

向こうの世界はいわば、意識の集合体ですから、強烈なエネルギーを持っています。我々の生きている物質の世界は、ビッグバンから始まったとされていますが、そのビッグバンは「真空」の空間から生まれています。

その真空の空間は量子論によれば、何もない状態ではなく、エネルギーに満ち満ちた状態であると考えられています。その真空から、この宇宙も、我々生命体も、このエネルギーから生まれてきているのです。つまり、この宇宙を作り出したビッグバンを生み出したのは真空の空間であるならば、この世はあの世から生まれ、あの世はこの真空の空間と考えてもよさそうです。

大事なことは、そのエネルギーを生み出した力が、「意思」であると考えられていることです。その意思は宗教や人によって様々に表現されてきています。

それが、アカシックレコード（宇宙の記録層）であったり、心理学者ユングの「集合的無意識」であったり、仏教では「阿頼耶識（アラヤシキ）」と呼ばれるものです。

　つまり私たちの意識は、この集合意識につながっているのです。先に亡くなった人の意識、親や友達、お世話になった人たちの意識はそこにあるのです。その中で自分も守られていると思えば、それだけで安心できるのではないでしょうか。

　いずれ、私たちもそちらの世界に戻っていきます。それが「死」です。会いたい人がすでに亡くなっているなら、「もうすぐ会える」と思えれば、死ぬことも怖いことではなくなるのではないでしょうか。

グレートウォールとニューロン
宇宙の大構造グレートウォールと脳の神経細胞ニューロンのネットワークの構造はよく似ている
神経伝達物質
伝達物質が放出されても、レセプター(受容体)が開いていなければ情報は届かない。
レセプター

第二章　死と向き合って感じたこと

「あの世」を意識して生きることの意味

『死ぬ瞬間』の著者であり、「人間の死」について世界中を講演して駆け巡った人物に、エリザベス・キューブラー・ロスという人がいます。

彼女は、医者としての活動を始めようとした時、死にかけている人に対する病院の姿勢に愕然としたことをきっかけとして、死に臨む患者たちの精神がどうなっていくかを生涯かけて分析した人です。

現代の日本では、人の死に立ち会うことが少なくなってしまいましたが、彼女は、何百人という人の臨終に立ち会い、苦しみながら死んでいく様、あるいは安らぎに満ちて旅立っていく様などを見続けてきた精神科医なのです。

どんな人でも生まれてきた以上、「死」は避けられません。

では、人は死ねば全てが終わりかというと、「そうではない。私はあの世の存在を知っている」と彼女は言うのです。

その考えを基に患者と接する彼女のやり方が、死を前にした人たちの心のケアーとなり、今のホスピスにつながっています。

私は彼女のこの言葉を知り、「あの世」の存在を強く意識するようになりました。そして「あの世」があるとかないとかよりも、あると素直に信じた方が安らかな死を迎えられる、死んで何もなくなると考えるよりもずっと楽になる、というように感じるようになりました。

第一章で述べたように、私は二度の脳梗塞で「あの世」の間際までいってきました。普段経験できない、自分の死と向き合ったのです。

昨日まで普段と変わらない生活をしている中で、そのままあの世へ旅立っていたかもしれない私は、運悪くというか、この世にまた戻ってきました。

自分の死と向き合い、そして戻ってくることは、誰にでも経験できることではありません。それを私は、なぜ体験したのだろうか。なぜ自分はこの世に戻ってきたのだろうか。

それにはきっと意味がある。死と向き合って気付いたことを人に伝える。やり残したことを継続してやる。そして新たにやらねばならない使命が与えられたのではないか、と思いました。

そこでこの章では、まず自分の死と向き合ったことで感じたことを述べていきたいと思います。

夢の中に突然、父親が出てきた

私が人生の意味を探し求めて読んだ量子力学の本の中には、『ここまで来た「あの世」の科学』（天外伺朗著・祥伝社）とか、『死後の世界を突きとめた量子力学』（コンノケンイチ著・徳間書店）とか、「死後の世界」について書かれていたものが少なくありませんでした。

そこに書かれていたのは、「量子論が死後の世界を解き明かすカギになるかもしれない」ということでした。

死後の世界と言えば、一般的に宗教の分野のはずです。それを物理学である量子論が解き明かすことになるかもしれないというのです。

この量子論に一段と興味を持った私は、「死後の世界と量子論」をテーマに講演を始めました。

すると、いきなり亡くなった父親が私の夢の中に出てきたのです。亡くなった両親や大事な人が夢に出てきた経験をお持ちの方もいらっしゃると思いますが、私の場合、出てくるのはいつも母親でした。父親が出てくることはありませんでした。

その夢とは、
私が普通に部屋で過ごしている時に、ドアを開けていきなり父親が入ってきたのです。

その父の姿は、若い時の一番元気がいい時の姿でした。

会社の応接室でお客様と話すように、椅子に座って、自然と会話が始まりました。

「突然、どうしたの」

「最近、お前が講演で話している死後の世界とか、量子論の話は、本当のことだよ。間違ったことではないから、もっと多くの人に話していいよ」

「なんで今頃、そんなことを言うんだ」

「生きている間、お前には何もしてやれなかった。せめて自分にできることは、死んだ立場で死後の世界のことを教えることくらいだから、出てきたんだ」

父親が出てきたのは、昼間です。

この時点で、私は幽霊と話をしているんだと気付きます。

「親父、死んだはずだろう。幽霊だろう。普通、幽霊なら夜中に出てくるんじゃないか」

「夜中の方が本当は出やすいんだが、夜中に出るとお前をびっくりさせると悪いから、わざわざ昼間に出てきたんだ」

こんな会話を夢の中と分かっていながら続けていました。

笑い話のように感じられるかもしれませんが、本当の話です。鮮明に覚えているこの夢、私にとって何か大きな意味があると思い、いつか機会があったら本にまとめたいと思っていました。

そこに今回の脳梗塞であの世へ逝く経験をさせられたのです。こうしてこの本を書くのも、死の意味がわからなくなってしまった現代日本に、死の意味を説く必要があると感じたからです。このことを父は私の夢の中に出てきて伝えたかったのかもしれません。

「死んでも意識はあった」ことの意味

死後の世界は人によって様々に語られています。面白いのは、国によって臨死体験に違いがあることです。

日本人からは、「暗い洞窟のようなところを抜けると、明かりが一気に差し込んできて、そこは見渡す限りのお花畑だった」とか、「三途の川が出てきた」とか、「死んだおじいちゃんやおばあちゃんが出てきて、こっちに来るなと言うから戻ったら生き返った」という話はよく聞きます。

ところが、キリスト教圏ではマリア様、イエス様が出てくるとか、仏教では閻魔大王が出てくるとかで、信じる宗教によって違うようです。

しかし、宗教や国が違っていても、臨死体験者の話に共通していることが一つだけあります。それは、「死んでも意識はあった」ということです。

これは私にとって大きな衝撃でした。なぜなら、このことを知っているかどうかで、あの世の捉え方からこの世での生き方までががらりと変わってしまうからです。

そして二度目の脳梗塞で、私は自分が気を失っていくほんの一瞬の間に、ハッキリとした意識で人生の様々な出来事を振り返るという経験をさせられたのです。

生きていることの意味は、三つある

では、「死んでも意識があった」とは、どういう意味があるのでしょうか。
簡単に言ってしまえば、「死んだら楽になる」という考え方は大間違いだということです。
今は経済的に追い詰められてしまう人たちが世界中で増え、毎年、一〇〇万人もの自殺者が出ています。死んだら、辛いことと苦しいことから逃れられ楽になれるかと言えば、決してそうではないことがこの言葉からわかります。

この世は〝修行〟であると聞いたことがあると思います。食べなければ生きられないし、食べるためには働かなければなりません。この考えからすると、自殺するとは、その修行を途中で放り出して逃げるようなものです。

あの世に行っても自分の意識はあるのですから、「自分はなぜこんなことで死んだのか」と、きっと後悔することになるでしょう。場合によっては、同じ人生をもう一度、この世でやり直すことになるのかもしれません。

一方、生きていることの意味は何だと聞かれれば、私は三つあると考えています。

第一は、生きた証《あか》しをどう残すか。

第二は、生きている間に自分がどう進化したか。

第三は、天寿をどう全《まっと》うするか。

第一の生きた証しというのは、子を残すとか、作品を残すとか、自分がこの世にいたという証拠を残すことです。これは誰もが意識していることだと思います。

第二の進化というのは、困難とか、苦労に出合い、それを乗り越えた時に感じることになります。これも体験した人は感じていると思います。

最も考えていないのは、第三の天寿を全うすることではないでしょうか。途中で人生を終わらせてしまうと、生まれてきたことの意味がわからずに、死んでから後悔することになります。

臨死体験者が伝える「死んでも意識があった」とは、死ぬことで肉体を持つことでの修行は終わるのでしょうが、精神的な修行はずっと続いていくことを意味しているのです。

ここがわかっていないと大変なことになります。

死んだらおしまい、これで楽になれると考えていたら、もっと大変なことになるのです。

死ぬ時に後悔しないために

国のためや人のために、自分が犠牲になって死んでいく。戦争中の特攻隊もそうですが、今では火事や事件で殉職される消防士や警察官がそうです。そういう方々は人生の途中で亡くなるわけですが、ある意味、天寿を全うした生き方をされたのではないかと思います。

その一方では、ただ生きていくのが嫌だとか、借金の返済ができなくなったとかで死を選ぶ人がいます。今のように経済が行き詰まってくると、そう考える人が増えてしまいます。

でもそれは、死んでしまえば今の苦しみから解放されると思うからでしょう。もう一度言いますが、それが一番の間違いです。「死んでも自分の意識はある」わけですから、「自分がなぜ自殺をするような人生を送らなければならなかったのか」と死んでから後悔することになるのです。

私は、人生において大事なことは、「どう生きたか」ではなく、「どう生きようとしたか」であると思っています。

この意味の違いがお分かりになるでしょうか。

多くの人は「どう生きたか」の結果ばかりを気にして生きています。また回りの人たちも「あの人はお金持ちになって大きな家を遺した」とか、「あの人はこんなことを成し遂げた」とか、そういう点を評価の基準にします。

多くの人たちの幸福を犠牲にして自分だけの財産を築き、成功者になって、時代の寵児とマスコミにもてはやされた人たちがいました。他人のことはどうでもよいとする生き方で成功しても、そんな人を誰が尊敬するでしょうか。本人たちも死んでから「こんなはずではなかったのに」と後悔することになるのかもしれません。

たとえ成功者になれなくても、毎日人のためや家族のために頑張り続けている人、自分が食べられなくても必死で子供を育てている人、苦労がたとえ報われなくても毎日を必死に生きている人の方がよほど素晴らしく、立派に思えます。

そういう人ほど、自分の人生に満足して死んでいけるのではないでしょうか。

「もう充分に生きた」と言える人生の送り方

私が臨終に立ち会った祖父、祖母、親族で、「死にたくない」と言いながら死んでいった人はいませんでした。「いつ死んでもいい」と言って、あの世へと旅立っていったのです。

なぜ死に際にそんな言葉が言えたのでしょうか。

それを私は、「もう充分に生きた」という意味で受け取っています。

では、どれくらいの人が、「もういつ死んでもいい」、「もう充分に生きた」と思える生き方をしているでしょうか。

実際には多くの人が、「まだ死にたくない」、「やりたいことがまだまだある」と思いながら、この世を去っていくような気がします。

では、どういう生き方をすれば、「もう充分に生きた」と言えるのでしょう。

私が思うに、それは「自分の好きなように生きる」「自分がやりたいことをやる」ことではないかということです。

そう考える私は、やりたいことを我慢することが一番よくないと考えて生きてきました。とは言っても誰もがやりたいことをやれる時代ではありません。しかも、その芽さえ潰してしまうのが今の時代です。

これは、今の教育や日本の制度に原因があるのだと思っています。

これまでの日本では、予め答えが用意された問題を解くことしかやってきていません。そして試験に合格していい大学に入れば、いい会社に就職できて、その後の人生は保障されるという生き方です。

しかし、こうした教育や制度の中で生きていると、「自分で考える」ことをしなくて済むようになってしまいます。やることは常に学校や会社が与えてくれるからです。そうなると、社会に出ても、自分で物事を考え行動しようとはしなくなります。

ですから、何か問題が出てくると、どうしてよいかわからなくなってしまうのです。これでは、生きたという実感がないままで一生を終えることになるのではないでしょうか。

自分の人生は自分で決めてきた

私の場合、学校では常に落ちこぼれでした。幼稚園の中退に始まり、小学校も六年の一学期で田舎の学校に転校しました。中学からは、また環境を変えて、東京のカトリック系の学校に入ったりもしました。そして高校を出て、すぐにアメリカ留学をしています。

学校を変えることは、子供にとって精神的にもかなりの負担があります。アメリカ留学もそれなりに苦労しました。もちろん楽しい思い出もありますが、そういう生活で私が学んだのは、自らで考えて行動することでした。

格好良く言えば、常に激動の環境の中に自分の身を置いてきたということです。

社会人になったのも突然で、留学中に父親が倒れたために帰国、そのまま家業である不動産業を受け継ぐことになったわけです。

いわば私は、マニュアルなしの人生をずっと送ってきました。他人から見れば、「好き勝手に生きている」とか、「自由奔放な人生を歩んできた」と映るかもしれません。自分でも滅茶苦茶な人生を送ってきたのだと思うこともあります。無駄や失敗も数多くしてきました。

でも私は、「あの時にこうしておけばよかった」と後悔はしていません。それは、自分の人生を自分で決めてきたからです。もし学校生活が順調に進んでいたら、このような生き方はおそらくできなかったでしょう。

そうしたお蔭で私は、脳梗塞で倒れ意識が薄れゆく中で、素直にこれで人生が終わっても悔いはないと回想できたと思っています。

瞬間、瞬間を懸命に生きる

最近、落ちこぼれや不登校などで悩んでいる若者が多くいるようです。私に言わせれば、それは新しい人生のチャンスです。そう考えたら、生きる勇気も湧いてくるはずです。

本来なら、誰もがそういう自由な発想で生きてしかるべきなのに、それができない。今の教育や社会制度が妨げているように私は思います。

なぜそうなるのか。それは、自分で人生を決めて生きるよりも、嫌だなと思いながらも会社や役所に行って、他人が決めた道を歩むことが楽だからです。それでリストラされれば、自分のことは棚にあげて、国や会社や他人が悪いと文句を言い、他人のせいにしてしまえばいいわけです。

ところが、自分で生きている人はそうはいきません。すべて自分で決めていますから、自分で責任を取るしかないからです。

こうした生き方の違いが、死に際にはっきり出てくると思います。

しかし、どちらの生き方をしていても、やはり死ぬ間際になって「まだ死にたくない、こんなはずではなかった」と思いたくはないものです。

では、どうしたら良いのでしょう。

それは、「やりたいことを我慢しない」ことです。別な言い方をすれば「自分の生き方を自分で決める」。これしかないでしょう。

言いかえれば、自分がいつ死んでもいいように精一杯生きることです。今日死んで悔いが残るとすれば、それは今までの生き方自体が間違っていることになります。

では何をもって「精一杯生きている」と自覚できるか、それは個人によって違うと思いますが、どんな人にでも共通して言えることは頑張っている人の姿は美しいということです。

学生ならさしずめ勉強でしょうか、スポーツに打ち込む姿も感動させます。結果は大事ですが、それ以上に大切なものがあります。それは本人が頑張ったという意識です。もし結果だけの評価なら一位の人しか対象になりません。それでは、どんなに頑張っても評価されない人が出てしまいます。

オリンピック選手も優勝しないと評価されなくなってしまいます。そこまでに至った努力を評価する、その人の頑張りを周りの人が認める、そういうことも大事になってきます。

私たちの日常も同じです。仕事でも瞬間、瞬間を懸命に生きている。そう思える生き方を継続してこそ、「充分に生きた」と満足して死んでいけるのではないでしょうか。

本来ならば、皆がそういう生き方をしなければならないと思います。

遺された者の務め　～自分にとって大事な人の死

どんなに頑張って生きていても、人間一生のうちに自分の生き方をがらりと変えてしまうような出来事があります。大事な人が亡くなるのも、その一つでしょう。

愛する人を失い、遺された者としてその人の死を受け入れられず、悲しみに明け暮れたという人もいると思います。

それがどんなに悲しいことか、そうなることは避けがたいことでしょうが、私はこういう場合、次のように考えています。

それは、遺された者にも何かの「務め」があるということです。

もし大事な人を亡くした悲しみのあまり、魂が抜けてしまって自分の人生がわからなくなってしまったり、自暴自棄になってしまったりして、人生を台無しにしたとします。それで一番悲しい思いをするのは誰でしょうか。亡くなった人です。

亡くなった人にとって一番辛いことは、「死んでも死にきれない」という思いをさせられることです。自分の死によって遺された者が人生を台無しにしたと知ったら、死者はきっと「死にきれない」と思うでしょう。死んでも意識はあるからです。

遺された者は、亡くなった人にそういう思いをさせないようにすることが務めであり、死者に対する供養だと思います。

私に限らずそうだと思いますが、この世で一番の不幸な出来事は、親より先に子供を亡くしてしまうことではないでしょうか。「親としてもっとこうしておけばよかった」とか、「自分がなぜ一緒にいてやれなかったのか」とか、自分を責めるでしょう。交通事故などで突然いなくなってしまったとしたらなおさらです。

しかし、いつまでも親が悲しんでばかりいたら、亡くなった子供が喜ぶはずがありません。大事なことは、なぜ自分より先に子供が亡くなってしまったのか、その意味を考えてみることです。

それが遺された者の務めではないでしょうか。

そしてさらに大事なのは、子供の死を受け入れて、親としての人生を精一杯生きていくことだと思います。

自分が会いたいと思う人には必ず会える

茶毘《だび》にふす直前、火葬場では「これで最期のお別れです」と言われることがあります。肉体は焼かれますので、その意味では確かに最期の別れかもしれません。

でも臨死体験をした人の共通点は「死んでも意識はあった」ということですから、その人の精神（魂）は生き続けているということになります。では、どこに意識があるのかと言えば、あの世です。

この世とあの世の関係については、本書でも何回となく紹介していますが、量子論の説明で言えば同じ空間に存在していることになります（第三〜四章参照）。すなわち、死というのは、肉体から離れて意識があちらの世界に帰ることです。

あの世では、みんなの意識はつながっていますから、自分が死んであちらの世界に帰れば、会いたいと思う人には必ずまた会うことができます。

死は、一時的な別れであって、決して永遠の別れではないのです。

こういう話を聞いたことはありませんか。

親と離れて暮らしていた時は寂しい思いをしたのに、亡くなってからはいつも一緒にいるような気がする。夫婦でも伴侶が亡くなってからの方が、いつも一緒にいられるような気がするという話です。生きている時よりも、親や大事な人がより身近に感じられる存在になったというわけです。

それは、亡くなった人のことを思い出すことにより、自分の意識があの世とつながったということです。親や大事な人を通じて、自分とあの世とがコンタクトするのです。

またあの世にいる人と直接会話をすることは特殊な能力をもっていなければできませんが、自分があの世に帰る時には、必ずその人が迎えに来てくれます。ですからこの世での苦労話などは、その時に思う存分すればいいのです。

そして、亡くなった人へと意識を向けていると、「これはあの人の計らいだな」と感じることがあるはずです。そういう経験のある方もおられると思います。

私の場合、最初脳梗塞で倒れて連れていかれた病院が、父親が亡くなった同じ病院だったことが、それにあたります。もしこの病院でなければ、自分はどうなっていたかわかりません。命は助かったとしても、脳梗塞ですから後遺症で苦労していたはずです。

これは「父の計らいだな」とはっきりと感じました。

亡くなった人は常にこちら側の世界を見てくれています。身体を持つ存在ではなくなったことで直接触れたり、会話したりすることはできなくなりましたが、意識では常に通じ合うことができるのです。

「死ぬことは怖くない」～死は誰にでもやってくる

あの世とのつながりや、死んでも意識があるなど、いろいろ述べてきましたが、その意味を少しは理解していただけたでしょうか。

理解することで、いま自分はどう生きたら良いのかがわかってくるはずです。

「生きるとは死ぬことと見つけたり」（葉隠）という言葉を知っている人も多いと思いますが、これは死を意識して今を生きるという武士の心です。

もし武士道精神を日本人の生き方の原点とすれば、まさに日本人は死を考えて生きていたということになります。

ところが現代の日本人は、意識して死を考えることがなくなってきています。そのためでしょう、死ぬことが怖いと言う人が多くいます。

なぜ死が怖いのでしょうか。

また死が怖いとして、その怖さから逃れる方法はあるのでしょうか。

臨死体験者はまるで違うことを語っています。「死ぬ時はものすごく気持ちがいい。これならもう一度死にたい」と思うそうです。

私自身の体験からも、死は怖くないと思っています。

その理由などを探っていきましょう。

生かされる人は生かされる

日頃、自分の「死」を考えていなくても、大地震や新型インフルエンザ大流行のニュースを見ると、自分は大丈夫だろうかと「死」を感じて不安になったりするものです。

しかしその後の行動となると、人によって違いが出てきます。危機感が募り予防策の準備をする人、逆に何も準備をしない人、あなたはどちらでしょうか。

実は、その答えはどちらでも構いません。どちらにしても、「生かされる人は生かされる」という現実があるということを、ここでは言いたいのです。

どうも時代に必要な人は、どんなことがあっても生かされるようです。


テレビなどで大事故や交通事故の現場を見ると、これは助からないだろうと思っても、助け出される人がいます。それを、運命の選択と言ったりします。

では、なぜそんなことが起きるのでしょうか、死の意味を考えると答えはでてきます。助け出された人には、生き残ったことでやらなければならないことがあるということです。

ですから、生き残ったことが——幸福の定義にもよりますが——幸福であるとは限りません。いい人ほど、早く死ぬと言いますから、生き残った人はなぜ生かされたのかをよくよく考えてみる必要があるでしょう。

死ぬべき時には死ぬけれども、死んではいけない時には死なせてもらえない。

これが私の経験から言えることです。

私の場合、二度目の脳梗塞の時には、みるみる間に身体の右側が動かなくなっていきました。つい先ほどまで喋っていたのに口も動かない。右手も冷たくなってくる。これが病院の先生を前にして診察を受けている時に起きたのですから、幸運と言うべきでしょう。

なぜこんなにタイミングよく先生の前だったのか。これは、「こうなったことの意味をよく考えろ」というメッセージだと私は直感しました。

つまり「死」は、いつもすぐ目の前にある現実で、生きていること自体が奇蹟なのだということです。

これは頭でわかるものではありません。実体験でしかわからないことでしょう。

ですから、私は生き返ってきたということはまだ死なせてもらえない、この世でやるべき使命があると思ったわけです。

いたずらに不安感、恐怖感を持って生きるよりも、どんなことがあっても「生かされる人は何があっても生かされる」、「死んでしまえばこの世での役割は終わった」と考える方がずっと楽な生き方ができると思います。

人の顔はなぜ最期に「安らか」になるのか

ガンの痛みで苦しい思いをしていても、死を迎える直前には本当に安らかな顔になって旅立っていく人もいるそうです。

なぜ、そんな安らかな顔になることができるのでしょうか。

安らかな顔になるのは、自分の人生に満足して生きられたというだけではなく、もうあの世と通じて、お迎えが来ているとか、会いたかった人と会っているとか、自分もやっとあの世へと帰れるという安堵感を味わっているからかもしれません。

誰もがそういう死に方をしたいと思うのでしょうが、なかにはもの凄い形相で死んでいく人もいるそうです。

その違いは何でしょうか。もしかすると、死ぬ時の顔は、その人の人生を映し出しているのかもしれません。

安らかな顔で亡くなれば、遺される人にとっても「良かったね」ということになります。そう考えると、幸せな死に方というのは、自分も遺される人も「良かった」と思えることではないでしょうか。

ですから、「自分がどういう死に顔をするのか」、その一瞬のために生きていると言っても過言ではないと思うのです。

死というのは、身体的な死に過ぎません。魂が身体を離れて、あの世へと帰っていく。それが、「死」です。そして重要なことは、この世からあの世へ持っていけるのは、唯一精神的なものだけということです。

お金やモノや権力は持っていけません。この世で自分が何をしたのか、何を学んだのか、その精神的なものだけを持ち帰ることができるのです。

その精神的な成長が、この最期の顔に表れてくると私は思っています。

自分が死んだ後に財産がどうなるとか、不安や未練を残すような人生であれば、安らかな表情などできないでしょう。

安らかな、いい顔をして死んでいきたいと考えるならば、この世に未練を残さない生き方をするしかありません。

その参考になるのが、死の宣告を受けた人の生き方です。

なぜ生命の期限を切られた人の人生が素晴らしく見えるのか

健康な人で、自分の余命を考えながら生きている人はまずいないと思います。

しかし病気などで余命何年、何ヵ月と期限を切られた人は、残された期間をどう生きようかと真剣に考えます。そういう人たちの本や映画を見て、その人の人生に触れると、なぜか涙が止まらなくなってしまいます。

それは、私たちに「生きている」ことの意味を教えてくれるからだと思います。


林家三平さんのお弟子さんでありながら、あまりの素行の悪さに九回破門になった、クーぺさんという方がいます。クーぺさんも私と同様、脳梗塞で倒れられています。一命を取り留めたことから生かされた命を恩返しに生きたいと考えられ、今は本当に魂が洗われる、素晴らしい歌詞を作っておられます。

そしてクーぺ＆Shifoの名前で演奏活動を行い、聞く人に感動を与えています。その多くの曲の中に「どっちでも不思議」という歌があり、その中に次の歌詞があります。

「花を見て綺麗に思うのは　人間だからなんでしょうか」

「空を見て綺麗に思うのは　人間だからなんでしょうか」

……

人間が理屈ではなく、花や空を見て綺麗と感じる心、それを素直に表現しているところに私は共感してしまいます。本来なら、こういう「感性」を誰でも持っているはずです。そしてこの純な感性が、一番「あの世」へとつながっていると思うのです。

しかしいつの頃からか人間は、この心を無くし、すべてをお金に換算してしまうようになってしまいました。

たとえば、花を贈るのでも、金額が高い花の方が喜ばれます。「この人はきっとこの花が好きだろう」という贈る人の心ではなく、金額でその人の気持ちを見てしまう。ですから、その人が真心を込めた花を贈ってきても、金額が安ければ、「なんだこんなもの」と思われてしまうのです。

価値観をすべて金銭に換えてしまったことで、人間の心がおかしくなっているわけです。

生命の期限が切られた人、一度でも死ぬ淵まで逝った人には、本来持っている純な感性が蘇ってきます。少なくとも私は、そういう人たちを見てそう感じます。

なぜそのような感性が蘇ってくるのか。それは死後、あの世に持っていけるものは、物やお金ではなく、心だと直感するからだと思います。

普通に生活している中では、お金が何よりも大事で、絶対的なものとして捉えています。でも、お金ばかりに囚われていると、人間の心を貧しくしてしまうようです。

一昔前、少なくとも戦前まではそうではありませんでした。自分が食べるのを我慢しても人にあげたり、できる親切は人にしたものです。これが普通で、まさに「清貧」ではあっても心は豊かでした。

それが今では、下手に親切にすると周りから逆に自分が足を引っ張られます。親切さえできない社会に日本はなってしまったのです。振り込め詐欺がその典型です。警察官、弁護士を装い、親切心を利用し人の弱みに付け込んでお金をだまし取るのです。

昔なら「お前、こんなことをしていたら、ろくな死に方をしないぞ」とか、「人にうしろ指をさされるようなことはするな」と親なり、近所の人なりに言われたものです。

これが心のブレーキになっていました。

本来なら、絵画とか自然とかを見て、「美しい」と感じる気持ちを持っているはずなのに、今は日常の金儲けや仕事に追われてその気持ちを忘れてしまっています。しかし、余命何ヵ月といった人の生きざまに触れることで、人間本来の感性が呼び覚まされるのでしょう。

こうした感性が見えなくなってしまった世の中になっているから、こうした人たちの生きざまを描いた本や映画が求められているのでしょう。

日本人には「引き際」「死に際」の美学がある

安全、平和の中で暮らしていると、人は死を意識しないままに生きてしまうのではないでしょうか。それでは、誰にでも「死」はやってくるのに、「死の意味」も、生きていることの意味も考えないまま一生を終わってしまうような気がします。

これまで「死」について考えさせたり答えをくれたりするのは、宗教の役割でした。ユダヤにも、チベットにも「死者の書」がありますので、生きることに迷った人を導いてきたと思います。

では日本人の場合は、どうでしょう。

宗教に代わるものとして、「引き際」「死に際」の美学がありました。

それは「武士道」に代表される考え方で、〝潔さ〟を大事にしてきたのです。自分は何のために死ぬのか、死んだ後に周りの人たちにどう思われるのか、そこまで考えて、自分の生き様を決めていたのです。

戦前は、武士道精神で、国のため、家族、社会のために生きることが最も大事とされてきました。ですから、国のために命をすてて戦いに臨んでいけたわけです。

しかし、「死」を恐れない者ほど相手として怖い存在はありません。特攻隊のような存在を生み出さないために、GHQはこの武士道精神を徹底的に骨抜きにする手を打ちました。

それから六十四年後の日本は、こんな有り様になってしまいました。戦争を放棄したことは画期的なことなのでしょうが、日本人の「誇り」とか、「恥」といった精神をも失ってしまいました。そして同時に、「死」もタブーとして考えなくなってしまったのです。


こうしたアメリカ型の教育を受けた人たちは、全てを人と比較して考えるようになってしまいました。何度も言うように、幸福も不幸も、他人や過去との比較することでしか感じられなくなってしまったのです。

何事も比較することでしかわからなくなっているのに、なぜ生きることの意味を見つけ出すために「死」を考えないのか、不思議でなりません。もう一度、死を見つめ直すことから、生きる意味を考え直す時が来ているように思います。

死ぬ時には決して独りではない

日本は、どの国よりも先に高齢化が始まる国です。その高齢化に合わせて、独り暮らしの高齢者がどんどん増えています。二〇二五年頃には全世帯の四軒に一軒がこうした独居老人になるだろうとみられています。そして問題になってくるのが、「孤独死」です。

「こんなに寂しい死に方はない」と思いますが、どんなに身内の人に見守られていたとしても、死んでいくのは自分独りなのです。

このように「この世」を基準に考えれば、「なぜこんなに寂しい最期を迎えるのだろうか」となるのでしょうが、「あの世」を意識すると、自分の死の捉え方や、独りで死んでいくことの辛さ、寂しさが違って見えてくると思います。

先述した精神科医・キューブラー・ロスは著書『死ぬ瞬間』で、人間は五段階の心理状態を経て死を迎えると言っています。

その最後の段階は「受容」と呼ばれています。

これまで自分の死を否定したり、また、なぜ死ななければならないのかと怒ったりする時期を経ると、今度は自分が生きるためにはなんでもする、取引をしようとします。藁をも掴む心境になった後に、自分の病気がどうにもならないことからうつ状態になって、何もできなくなる。こうした段階を経て、自分の死を受け入れていく受容の時を迎えるというのです。

この受容の時は、自分があの世に旅立つ準備ができた時ということです。

あの世と自分がつながっていることが理解できたことで、安堵感や安心感が生まれて、自分の死を受け入れられるようになる。

そしてそんな心境になれるのは、あの世からの迎えとして、おじいちゃんやおばあちゃん、両親が来てくれていることに気付いていているからかもしれません。ですから死ぬ時は、決して独りではないということなのです。そう考える方が、独りで死んでいくと考えるよりも、はるかに気持ちが楽になると思うのです。


日本の神道の中には、法事を「お祭り」と呼ぶ所もあるそうです。包みの水引も黒や黄色ではなく、赤。つまり、お祝い事として法事をするのだそうです。これはこの世を基準にすればおかしなことですが、あの世からみれば、なんでもないことです。

葬儀は修行の場からあの世へと帰る日なのです。あの世にいる両親にすれば、苦労した息子や娘がこの世から帰ってくる日なのです。ですから、あの世からみれば、祝い事となるというわけです。

このように葬儀や死は、この世とあの世のどちらを基準にするかで、まるで違った意味になってきます。

あの世へと意識を向けること

曹洞宗開祖の道元のことを描いた「禅　ZEN」という映画がありました。道元の母・伊子が「この現世の中で、なぜ人は争い、病や死の苦しみから逃れられないのでしょう。苦しみから抜ける道を、そなたに見つけてほしい」と言って亡くなっていきます。そして、道元は「禅」の道に入っていくという物語です。

道元は、余計なことを考えず、ただ只管《ひたすら》座禅を組むことによって、自分がどう思うかでこの世は地獄にも、極楽にもなることを悟ります。

そして、自分がどのように思うか、その気持ちが一番大事であると、道元は言います。

まさにこれは、量子論の考え方と同じです。

あの世があるかないか、天国に逝くのか地獄に逝くのか、それら全ては自分がどう思うかで決まってくるということです。

一昔前まであった「ご先祖様に顔向けできない」という教えは日本人の大事な発想でした。あの世へと意識を向けて、この世での自分の戒めとしてきたのです。

自分があの世に逝った時にご先祖様、両親に顔向けできないことはしない。こうした考えが生き方となって、「暖簾を守る」とか、「伝統を守る」ことになり、日本の伝統や文化が作られてきたのだと思います。

ですから、幕末や敗戦後の日本を訪れた外国人が異口同音に言うように、日本人はこの大変な最中にあっても「凛」としていられたのではないでしょうか。

そして今、ふたたび、あの世を意識する人たちが増えてきています。

この世は、お金さえあればなんでもできる、幸せになれると信じていた人たちが、このバブル崩壊で全世界が不況になり、どん底に叩き落とされ、自分のこれまでの人生は何だったのかと、真剣に考え始めた人が出始めてきたからです。

経済的に追い詰められてくると、「死」や「生まれてきたことの意味」を考えるのはむしろ自然なことです。人生は「お金がすべてではない」「もっと大事なものがある」と真剣に考え始めるようになるからです。

第二章コラム
あの世からのメッセージの意味　その「シーン」を見せられてしまう

「あの世とつながる」とは、どういうことなのでしょうか。

発明王エジソンは、電球で使用するフィラメントをどんな材料にするのかで一六〇〇種類もの実験をしています。それでも使える材料は見つかりませんでした。仲間の研究者は諦めようとします。しかしエジソンは決して研究をやめようとはしませんでした。なぜ諦めなかったのでしょう。それは、エジソンの頭の中には電燈が明るく街を照らす未来が見えていたからです。

メケランジェロもまた、「材料としての岩を見た瞬間、その中に閉じ込められている像の出来上がりが見えてしまうから、私はただそれを掘りだしているだけだ」と言っていたというのです。

作曲家や作家、芸術家や発明家などは、この作品がどうして生まれたのかと問われた時に、「天から降りてきた」と言った表現を使いますが、これこそあの世とつながって、あの世からのメッセージを受け取っているということです。

そのメッセージを生まれながらにして受け取れる人が天才と呼ばれる人たちです。モーツァルトが「これは自分で書いているのではない。むこうにある曲をただ書き写

している だけだ」と言っています。そのメッセージがどういう形でやってくるのかといえば、ビジュアルとして見せられるのです。

私が自分の臨死体験の中で見せられたのは、「昭和三十年代村」が出来上がって、皆が幸福に暮らしている姿でした。私自身、天からその様子を見ているのです。ですからその時の私は、この世にいないということですが、この「昭和三十年代村」が、私が望んだ通り、多くの人達に幸せを与える場所として出来上がっている姿だったのです。

そのシーンはビジュアルで映し出され、夢を見ているというような感覚ではありません。例えれば今のハイビジョンテレビよりも、より鮮明な画像なのです。まさにこれが、私が実現しようとしている未来の姿であることを実感させるに足りるほどのインパクトがありました。

恐らくは、モーツァルトもエジソンも出来上がった状態の楽譜や電燈を見せられたのでしょう。ですから、自分ならできると諦めることなく、作曲や実験を続けられ、作品や発明が完成したのだと思います。

そして、あの世からのメッセージとして私が見せられたのは、脳梗塞になって臨死体験をした時だけではありません。それ以降も見せられているのです。

例えば、これも「昭和三十年代村」に関するものですが、作られているのはアフリカの難民キャンプです。今のような難民キャンプではありません。アフリカの村をそのまま再現した難民キャンプで、追い詰められて逃げてきた人たちが一時的に避難する場ではなく、住んで生活してともに助け合っている様子なのです。こういう難民キャンプを作れというメッセージとして受け取っています。

こういうシーンを見せられると、「ああそうか」と一瞬で自分のやるべきことが理解できます。理論や理屈ではありません。いわば、完成品を見せられて、完成させるまでのプロセスを考えろというメッセージなのです。

そう考えると「昭和三十年代村」を作ることが私の使命であると自覚させられます。そのために、今回の臨死体験があったのだとすれば、脳梗塞は必然として起きたことであり、奇蹟によって救われたことも全て意味があったのだと理解できます。

第三章　常に「あの世」を意識して生きる

「あの世」を意識することの意味

「あの世」を意識するとは、死んだ人に思いを巡らせるとか、自分の死ぬ時を考えることです。一回限りの人生、死ねば何もなくなると考えて、自分勝手に生きていくことも一つの方法かもしれません。

でも、それで本当に自分の人生は幸せだったと思えるでしょうか。

前項で「自分がどんな死に顔をするのか、その一瞬のために生きている」と書きましたが、この世の思いだけに囚われている人ほど、安らかな顔では死ねないと思っています。

量子論で科学的に「あの世」の中に「この世」があることがわかってきているわけですから、「あの世」のことを考えてこそ、いい死に方ができると思います。なぜなら、「あの世」を意識することは、「この世」で自分がどう生きるかを考えることになるからです。

そこでこの章では、「あの世」を意識することの意味を考えてみましょう。

大変な時代に生まれてきたわけ

もし時代を選んで生まれることができるなら、あなたはどの時代を選ぶでしょうか。おそらく多くの人は、戦国時代や幕末のような波乱万丈の時代をあげると思います。

しかし私は、今のこの時代の方が一番波乱に満ちているように感じています。

日本でいえば、バブル崩壊から様々な安全神話が崩壊し、モラル崩壊も進んで、国家までも信頼できないようになっています。

そこに、二〇〇八年（平成二十年）八月のサブプライム危機が発覚します。その影響は瞬く間に世界に広がりました。今起きている変化は戦国時代や幕末の比ではありません。地球規模の大変革の時に私たちは生を得て、この世に存在しているのです。

何の理由があって私たちは、今ここにいるのでしょうか。

あの世を意識しながら考えてみると、こんな時代に生まれてきたのも偶然ではなく必然だったと気付きます。

というのも、大変革期には大変な経験をさせられます。もし自分がこの時代を選んで生まれてきているとすれば、その苦労・困難を乗り越えたときに自分の「魂」は大きく成長するはずです。

私は前著『人生の意味と量子論』の中で、我々がこの世に生まれてくることは、昔の管付きの重い潜水服を着て海中に潜るのと同じことだと例えましたが、身体があるがために自由を奪われ、酸素供給を受け続けなければ生きられない状態の中にあるのです。（イラスト①）

そういうイメージで考えれば、あの世からこの世に生まれてくることは、まさに「修行」と言うことができます。

「この世」で恥ずべき行為はしない、決して後悔するような生き方はしない、という思いで、厳しい時代を生き抜いてこそ、この世での修行の成果も上がり、あの世に帰る瞬間に「ああよかったな」と思えるはずです。

実はこれ、決して新しい生き方ではなく、日本人がずっと持ってきた「武士道」の考え方であり、それを現代の日本人が忘れているだけなのです。

ですから、この武士道的生き方を取り戻すことで、日本人らしく生きていけると私は思っています。

それは、すなわち「あの世」を意識した生き方に戻ればいいのです。

忘れてはならないのは、ホースに空気を送り続けて
くれている人々がいること！
この世に生きるのは
視界の狭いヘルメットをかぶり、
重いスーツに酸素を供給されて
海底を歩いているようなもの

イラスト①

人身事故を調べて載せている理由

私はバブル崩壊でどん底に堕ちて学んだ経験をもとに、一九九四年（平成六年）から、ワンワン倶楽部セミナーを開いてきました。これもはや十五年目になっていますが、この当時から私が口を酸っぱくして言ってきたことがあります。

「これから電車が止まりますよ」
「火事が増えますよ」
「犯罪が増えますよ」

ということです。

経済が行き詰まってくると、電車に飛び込んで自殺したり、保険金目当てで放火したり、安易に犯罪に走ったりと、モラルがどんどん崩壊していくことを予測していました。

今になってみれば、その通りになってしまいました。

その中でも一番気になっているのが、自殺です。年間三万人以上、毎日八十人以上の人が何らかの理由で命を自ら断っています。しかも、自殺者数三万人越が一九九八年からすでに十年以上も続いているのです。

人を殺すために始めたあのイラク戦争の犠牲者をはるかに上回る自殺者が、この日本で毎年出ているのです。これを異常と言わずして何と言うのでしょうか。

そんなことで私は、今は毎日、人身事故のニュースを個人のブログなどから調べて私のホームページ（http://www.222.co.jp/）に載せています。

その傾向を見ていると、二〇〇八年九月のリーマンショック以降は、一日の件数が倍以上、十件を超える日も珍しくなくなりました。しかもこの数は、鉄道事故の全部を拾っているわけではありませんので、実際はこの二倍から三倍はあってもおかしくないと思います。

平和だと思っているこの日本で、これだけの死者が毎日出ている異常事態にもかかわらず、こういう人身事故は、新聞紙面でもテレビでほとんど報道されません。

そしてなにより問題なのは、誰もこの現実を重く受け止めていないことです。

自殺と聞くと、人間が弱いからとか、やる気がないからと個人をついつい責めてしまいます。それは簡単なことですが、それで良いのでしょうか。この激動の時代、自殺の原因の多くはお金の問題にあると言ってよいでしょう。

そして一番許せないのは、国なり、社会なりが、自殺する人たちをどんどん追い詰めていることです。政府は、自殺対策基本法という法律だけ作ってそれで終わりです。

真剣に対策に取り組む姿勢が、どこにも見えません。

こうした政府やマスコミに対する私のささやかな抵抗として、人身事故を調べてブログに載せているのです。

評論家のように、メディアに登場して国が悪い誰が悪いと言っているだけでは、社会は何も変わらないし、何も始まりません。そこで私は、人身事故の状況を調べて公表することのほかに、ネット難民向けに「ネットルーム」事業を始めたり、七年前からは「昭和三十年代村」の事業化を進めてきました。

どちらも、自殺者を出さないようにするために、追い詰められる人たちの逃げ場作りとして、一企業人の立場でやっているのです。

本当に弱い人たちの生活を支える仕事が、事業として成り立ちうる。それが私の理想とするビジネスの形です。「ネットルーム」事業も「昭和三十年代村」事業も、必ずやそうなると思っています。

これが私の「あの世を意識して生きる」ことになります。自分のことばかりを考えるのではなく、人のためを考えて自分ができることをやる。そうすれば、私があの世へ行った時に、人に喜ばれる事業、人に幸せを感じてもらえる事業をこの世に残せて本当に良かったなと思えるのではないか。それが私なりの生き方になると感じてきているからです。

ですから、今がどん底状態であっても自殺はしないでほしいのです。

自分の限界を超えた事柄は、受け入れるしかない

リーマンショックにより、派遣切りやリストラなど、雇用環境が一気に厳しくなってしまいました。突然、会社がつぶれたという人もいると思います。会社の倒産は、本人の努力では如何ともしがたいことであり、まずは現実を冷静に受け止めるしかありません。

ところが人間という者は、理屈通りに「ハイ、わかりました」と心を切り替えることが、なかなかできないものです。でも世の中には、さっと切り替えのできる人もいます。

どういう人かと言えば、若い頃から失敗や挫折で苦労してきた人です。困難に遭遇した時の対処として、「どうしようもないことは『仕方がない』として受け入れるしかない」ことを体験で知っているからです。ですから乗り越えることができるのです。

私も「限界を超えた事柄に遭遇した時には、ただ受け入れるしかない」と思ってここまでやってきました。

人生は良くしたもので、生きてさえいれば、またなんとかなるさと思えれば、なんとかなっていくものなのです。ここが不思議なところです。

現実、倒産をチャンスに変えて、自分が本当にしたかったことにチャレンジしている人もいます。

ところが、それができない人は、お先真っ暗と思って会社を恨んだり、社会を恨んだりして、かえって自分を追い詰めてしまいます。世の中、むしろそういう人の方が多いかもしれません。

なぜなら人間は、嫌なこと不幸な出来事は認めたくないからです。現実を認めたくないばかりに、なぜ自分がこんなことにならなければならないのかともがき苦しみ、どんどん悪い方向に考えて、犯罪に走ったり、自殺したりする。自分で自分を追い詰めていきます。

一にも二にも悪い出来事を認めたくない。ところが現実に抵抗してみたところで、その事実はなんら変わりません。会社は倒産したのですから、自分で新たな道を見つけて歩んでいくしかないのです。

素直にその事実を受け入れ、新たなスタートが切ればよいものを、その事実を受け入れられないから苦しむのです。

人は、考えるべきことを考えないで、考えてはいけないことばかりを考えるものです。これが大きな問題です。

自分で自分を追い詰める人に対して、中村天風は、絶対に考えてはいけないことを三つ挙げていました。

「過去の後悔」

「今の悩み」

「将来の不安」

どうでしょう、自分で自分を追い詰める人を見事に言い当てているように思いませんか。過去を悔やみ、今を悩み、取り越し苦労をする。それが普通なのかもしれません。

では、どうしたら、自分で自分を追い詰めることをしなくなるでしょうか。

私は、一番に「将来の自分のあるべき姿」を考えることだと思っています。

自分の理想や夢を現実化させるために、今の自分が何をしなければならないのか。自分の置かれた立場で、今なすべきことは何かを考えるのです。

何がしたいのかの目標がある人は、次の人生へとどんどん歩んでいくことができます。目標がないから、そこで立ち止まってしまうのです。

もし、目標がないなら作ればいい。それだけのことなのです。

追い詰められれば、逃げればいい

目標を作る方法の一つとして、今まで自分が歩んできた過去の経験を見直すことがあげられます。目標は自分の生き方の具体的現われであり、自分の生き方は自分の中にしかないからです。

では、どのようにして過去を見直したらよいのでしょうか。

ここで、「情報整理」の意味が出てきます。

私の言う情報整理とは、自分の行為行動を記録に残すことです。今は若い人の間でも日記が流行ってきていますが、単に一日何があったと感想を書くのではなく、自分の行動に加えて、その時何を思ったか、何を考えたかまで残しておきます。そうすると、その記録が後に生きてきます。

私の場合、自分の日々の行動を記録し始めてからもう二十年以上も経ちます。現実に、この記録を見返すことで、次に何をやりたいかといったビジネスのアイデアが生まれてきています。

また、本書で紹介している共時現象も記録を見返すことで起きており、新しい人との出会いにもつながっています。まさに情報整理は、私にとって宝の山なのです。ぜひみなさんも、自分のやり方で情報整理をやってみてください。きっと新たな発見があるはずです。

と言っても、すぐにまねをしてやる人はほとんどいないと思います。そこで、そういう人に対して私が一つアドバイスできるとすれば、まずは、自分でなんとかなる範囲のことを考えるようにすることです。

要は、どうにもならないことを考えても仕方がないということです。どん底の中で、何かほんの小さな幸せに気付くことさえできれば、そこから人間は立ち直っていけるものなのです。「すべてを失ったわけではない。命はまだある」と思っただけでも気持ちが違ったと言う人を何人も知っています。

それでも、二進も三進もいかない状態に追い込まれてしまったら、逃げてしまえばいいのです。

「逃げる」と言うと卑怯のように思われるかもしれませんが、私が言っている意味は、世間体とか、プライドなんかはさっさと捨ててしまって、どんなことをしてもいいから生きていけということです。自分はこうでなければ生きていけないという思い込みから「逃げる」

ことです。

今の日本人には、このことが一番欠けているように思います。

繰り返しますが、自殺はいけません。「死んでも意識はある」のですから、死んでからも後悔が続くことになります。

極端なことを言えば、自殺するよりは、逃げてホームレスになった方がはるかにましです。自分がどういう状況になっても、自分の人生の目的を失わなければ、必ずチャンスは巡ってきます。Q＆A方式の情報交換サイトを運営するオウケイウェイブの兼元社長のように、多額の借金を抱えて妻子を残して上京、公園で寝泊まりするホームレス生活を続けながらウェブサイトの作成などを行い、企業を立ち上げ、ついに名古屋証券取引所に上場させた人物もいるのです。

人生の目的は、自分が生まれてくる時に必ず持ってきていると私は思っています。それが「天職」と言われるものであり、仕事に使命とかやりがいが感じられるのは、その目的に仕事の波長が合うからだと思います。

山一證券が突然倒産した後に、蕎麦屋を始めた人がいます。以前から蕎麦屋がしたかったけれど、証券マンでいる間はその機会がやってこなかった。それが会社倒産という、どん底状態の時にやってきたというわけです。

ある意味その人は、証券業から逃げたわけですが、どん底を逆手にとって、自分がやりたかった道を歩み始めたのです。どん底でまた同じ道を行こうとするから行き詰るのです。そんな時は、さっさと方向を変えてしまうことです。

自分で自分を追い込まない

いま、国や企業が制度を設けてメンタルヘルスに取り組まねばならないような状況になってきています。特に若者たちに多いのが特徴です。

こんな状況になってしまった原因もまた、教育にあると私は考えます。日本人が一番教えられていないのが、「自分で考える」ことだからです。

常に与えられた課題にしか取り組んでいませんから、予期せぬ課題にぶつかると、どうしていいのかわからなくなってしまうのです。

自分で考えろと言われても、何をどう考えていいのかもわからない。さらに考えろと言われると、中村天風が言う「三つの考えてはいけないこと（一〇〇ページ参照）」を考えてしまうわけです。そうなると、余計に自分を追い込んでしまいます。

余計なことを考えてしまうのは、時間的に暇があるからです。やることがたくさんある人は、忙しくて余計なことを考えている暇がありません。

自分で自分を追い込まないようにするには、何か用事を作って忙しくすればいいのです。

私の場合、忙しくする方法としてやっているわけではありませんが、自分の行動記録をしっかりと残すことで自然と忙しくなっています。というのは、その記録が今では一日、一〇〇項目くらいになっていますから、こまめに記録しようとすればするほど暇な時間がなくなります。

というように、やることがあれば物理的に悩む時間が少なくなります。

悩みがあっても、それに優先する仕事があれば、深く悩むこともなくなり、解決も早くなると私の知人が言っていました。

ところが、人というのは、一旦悩み始めると、だんだんと深みに入り、自分がいったい何を悩んでいるのかもわからなくなってしまうようです。

それは、次々と悪い方へ悪い方へと考えがいってしまうからではないでしょうか。

自分はどうしたいのか、何をしたら悩み解決の足がかりになるのか、将来はどうなりたいのか、それが少しでもわかれば問題の解決になるはずです。

それができないということは、自分自身のことを正確に理解していないからではないでしょうか。では、どうすればそれを可能にすることができるでしょうか。

そういう人に私は、自分の行動や感じた思いを記録として留めていくことをお勧めします。それを見返すことによって、気付かなかった自分が見えてくるようになり、アイデアやヒントが出てくるようになります。

幸いなことに、それを具現化するためにどうしようかと考えだすと、暇もなくなります。そうすることで、今の悩みとか、不安とか、取り越し苦労もなくなるはずです。

これは、いわゆる成功している人に共通している事項と言っていいでしょう。


自分のやりたいこと、夢を見つけ出す方法の一つが情報整理です。こんなことをして何になるのか、その時間がもったいないと言われることもありますが、この情報整理を続けてきたことで、余計な心配や悩みを抱えることがなかったことは確かです。

次は夢の話です。私は毎朝一番に、その日に見た夢を記録します。それにどんな意味があるのか。また夢にはどんな意味が託されているのか、一緒に考えてみてください。

夢はあの世からのメッセージ

物理学的にはトンネル効果で説明できる

第一章で話したように、夢に父親が出てきてメッセージをくれたり、夢で見た出来事が現実化したりという奇蹟体験を幾度となくしてきていることで、私は「夢はあの世からのメッセージある」と思っています。

これは私自身の経験からこう言えるのですが、あの世からのメッセージがなぜこの世にやってくるのかを物理学的に説明することにします。

この世はあの世に光が当たって映し出された姿、ホログラムであるという考え方があります。物理学者デヴィッド・ボームという人の考え方です（詳しくは第四章参照）。

その考え方からすれば、いま我々が〝現実だ〟と思って信じている世界は、実は人類が今インターネットの世界で作り出しているような、バーチャルリアリティそのものということになります。

なぜそんなことが起きるのかを物理的に証明しようとすれば、それは量子の世界にある「トンネル効果」という現象です。


トンネル効果は、その名の通り「通り抜け」という現象を言います。（一六八頁、イラスト⑧参照）

「人がビルの中に消える」ことは表現方法としてあり得ることですが、「壁にぶつけたボールが消えた」ことは現実としてはあり得ないことです。しかし、これは目に見える世界での話であって、量子の世界に行けば、「通り抜け」は常に起きているのです。

「トンネル効果」で物質が物質を通り抜けている瞬間を目撃することはできませんが、ガラスがあるのに太陽光がさしこんでくるとか、電波が通じて携帯電話が使えるとか、実際にこの効果は目にしているはずです。

「あの世に光が当たって、このトンネル効果で通り抜けて映し出された世界がこの世である」ことから、ホログラムという考え方が出てきたわけです。これは物質での話です。

逆に、エネルギー＝意識が物質化することとの証明は欧州セルンでの「ヒッグス粒子」の発見を待たなければなりません（詳しくは第四章参照）が、物質がこのトンネル効果であの世から通り抜けられるのですから、意識は当然、このトンネル効果を使ってどこへでも行けるはずです。

どんな人でも寝ている間には夢を見ている

物質世界であるこの世に生きていると、私たちはこの世のことしか見えません。ところが量子論では、あの世の中で私たちは生かされていると言います。でも、それを日々感じながら生きている人は霊能力者でもない限り、いないと思います。

第一章で、死んでも意識はあると書きました。その意識はどこのあるかと言えばあの世です。あの世とこの世は、意識でつながっているのです。そしてあの世の意識が、肉体をもって生まれてくるのが、誕生ということになります。

しかし私たちには、あの世は見えませんから、どのようにつながっているのかがわかりません。何かつながりを実感できるものはないでしょうか。

私は、「夢」がその一つのチャンネルだと考えています。どんな人でも寝ている間に夢を見ていません。見ていないという人は、ただ覚えていないだけなのです。

心理学者ユングは、夢を通じて「集合的無意識」とコンタクトしていると考えました。つまり、眠っている最中に我々の意識は、このトンネル効果を使ってあの世と通信しているのです。

この「集合的無意識」とは、潜在意識の向こうにある、全ての人類の意識がつながっている場所のことで、「アカシックレコード」（宇宙の記録層）とか、仏教では「阿頼耶識（アラヤシキ）」と呼ばれるものです。

人はなぜ夢を見るのか。その夢にはどんなメッセージがあるのか。それを考えてみれば、私たちがあの世とどのようにつながっているのかが見えてくるのかもしれません。

夢の記録は潜在意識の記録

夢で見たことが現実化するということがあります。いわば、以前見たことのある景色がまた目の前に現われるデジャヴュと呼ばれる現象です。

先日、まさに夢からのメッセージが実現するという共時現象を体験しました。

ここ数年は会っていない警察官をしていた友人が、突然夢に出てきました。後で知ったことですが、最近、定年を迎えたということです。その友人が夢に出てきて、「○○さんを紹介したのは自分がきっかけだよ」と言うのです。気になったので、記録しておきました。するとどうでしょう。その当日、紹介したい人がいるから会ってもらえないかと、その友人から電話がかかってきたのです。夢でみたその日に、夢が現実化したわけです。

こういう体験は、そう簡単にできるものではありません。これには何か意味がある。夢はあの世から、何らかのメッセージが送られてきていると私は感じとりました。（イラスト②）

では、夢にどんなメッセージが込められているのでしょうか。それが一番知りたいところだと思います。もちろん人それぞれにその内容も違うし、解釈も違うと思いますが、私の感じていることを述べることにします。

まず、夢からのメッセージを受け取るためには、どんな夢を見たのかの記録がなければなりません。幸い私は、毎日自分の行動を記録しており、毎朝起きてからすぐにその日見た夢を記録しています。

それで気が付いたことがあります。

夢は潜在意識の記録であり、毎日の行動記録や日々のスケジュール管理は顕在意識の記録

夢はあの世からのメッセージ
あの世
集合的無意識
＝
アカシックレコード
トンネル効果
夢
現実＝共時現象
＝
デジャヴュ
偶然の出会い

イラスト②

だということです。

おわかりでしょうか。日々の記録に夢を合わせて記録するということは、顕在意識と潜在意識の両方を書き留めることです。その両方の記録を見返すことによって、自分が気付かなかったことが客観的に見えてくるのです。

夢を記録するには、夢を覚えていなければなりません。それには方法があります。「夢を覚えていよう」と強く意識して眠ることです。

夢を見ていないという人は一人もいません。必ず見ています。忘れているだけです。ですから夢を覚えていようと意識して眠ると、不思議に覚えているものなのです。

そして、その夢を記録して見返すことで、自分の潜在意識の声を聞くことができるというわけです。

夢を通して、あの世から何らかのメッセージが送られてきているわけですから、忘れてしまうのはもったいないことです。とにかく夢を覚えておいて記録することで、人生そのものが楽しくなったり、充実したものになります。

いや、私は嫌な夢ばかり見ています、という人もおられると思います。でも、悪い夢、嫌な夢も、自分の潜在意識が語りかけている大切なメッセージが託されています。

さてそれは、何でしょうか。

「嫌な夢」にこそ意味がある

悪い夢、嫌な夢というのは、不思議と覚えているものです。しかし間違ってはいけないことは、この嫌な夢というのは、天からプレゼントではないということです。「天からの啓示」と捉えてしまうと、その嫌なことを現実化させてしまいます。

では、こうした夢には、何のメッセージが託されているのでしょうか。

私は、悪い夢、嫌な夢を見た時には、その夢が自分に何を告げようとしているのかを考えるようにしています。

例えば、私の場合、寝る前によくモノを食べていました。胃腸が働いた状態で寝ると、決まって悪い夢を見たりします。また、疲れている時にも悪い夢を見ます。「なぜその時に限って悪い夢を見るのだろうか」と考えてわかったことは、自分の体調の変化をこの悪い夢は知らせていたのです。

まだ自覚するほど悪いわけではない、ちょっとした体調の変化を、悪い夢として見せてくれていたのです。これがわかってからは、こうした悪い夢を見た時には、自分の体調に異常がないかを考えるようにしています。

しかし体調の変化があるわけでもないのに、それでも悪い夢を見る場合があります。「なぜなんだろう」と考えていると、その夢は、自分が無意識のうちに感じている不安、嫌なことを映し出してくれていたということがわかってきました。いわば、自分が何を気にしているのかを気付かせるメッセージだったのです。

量子論的に考えてみると、悪いシグナルをそのまま受け取れば、その悪いこと、嫌なことがそのまま現実化してしまいます。ですから、こうした悪い夢を見ることの意味は、本来は考えてはいけない「余計なことを考えているよ」ということを告げていると受け取った方がいいでしょう。

いい夢はすぐに忘れてしまいますが、嫌な夢ほど、気になってしまうものです。それは、悪い夢、嫌な夢にこそ自分へのメッセージがあるからなのです。

夢の中では誰もが「変性意識状態」になれる

その他に夢は、重要な役割（意味）があります。

人が「あの世」と一番交信しやすい状態のことを、「変性意識状態」と言います。この状態になると、神の啓示を受けたとか悟りを開いたとかという感じになります。

おまけに予知能力であるとか、スプーン曲げといった特殊な能力が身につく人もいます。この能力を神から選ばれた能力だと思った人は、新興宗教を始めたりします。


この「変性意識状態」は、生命が危機に瀕する状態までいった時に、脳内物質が出ることによって起きると言われています。修行として、自ら滝に打たれて荒行をするとか、断食をして死ぬ寸前の経験をするというのは、そのためです。

そういう状態になると、向こうの世界と一番つながりやすくなり、いわば超能力と呼ばれる能力が発揮されるのです。それはある限界を超えると、人の潜在意識が活発に動き出し、不可能を可能にする力が出てくるからなのです。

ですから「変性意識状態」になるためには、いかに潜在意識を活性化するか。そこがポイントです。四六時中悩んで考えるとか、何らかの修行をするというのはそのためです。

何もしないで寝ているだけで「変性意識状態」に入り、いいアイデアが出てくることはありえません。

しかし誰もが「変性意識状態」に入れる方法があります。それは夢を見ている状態の時です。寝て夢を見ている状態は意識がありません。自我とか自分欲がない中で、あの世とのコンタクトがしやすくなり、「変性意識状態」に入れるのです。

あの世へのレセプター（アンテナ）を開く

夢をあの世から送られてくる何らかのメッセージとすれば、それを受け取るレセプターを開かなければなりません。レセプターは誰でも持っていますが、開くか開かないかは、その人自身の意識によって決まります。（五十ページ参照）

レセプターを開くとは、あの世とつながるアンテナを立てるということです。それを活かさないのはもったいないかぎりです。

その第一段階が、夢を記録することです。ノートに日付と見た夢の内容を、ただ書き込むことから始めればいいのです。

そして「夢にはどんなメッセージがあるのだろうか」と意識することです。

テレビの映像が、アンテナをつないで放送局の電波と波長を合わせることで初めて画面に現われると同じように、夢が何らかのメッセージであると意識することでアンテナが立ち（開き）、あの世からやってくる電波をとらえることになるのです。

「夢にはどんなメッセージがあるのだろうか」と意識することで、あの世とコンタクトをとるレセプター（アンテナ）が開くことになります。

テレビも買ってきただけでは映像は映りません。アンテナをつないで電波と波長を合わせることで初めて画像が出てきます。それと同じように、夢が何らかのメッセージであるという意識を持つことがアンテナを開くことになって、あの世からやっている電波をとらえることになるのです。

夢以外にも、レセプターを開くことがあります。

専門的な研究に没頭する時。

自分が死ぬような場面に接した時。

会社がつぶれる、リストラされる、などの時です。

したがって、順風満帆な人生を歩んできた人には、こういう話をしても理解して頂けません。「苦労する」とは、レセプターを開いて、あの世とのコンタクトを可能にすることです。

こう考えれば、苦労のし甲斐もあると言えるのではないでしょうか。

ところが、そうした苦労でレセプターが開き、あの世からのメッセージを受け取っているにも拘わらず、それをほとんどの人が素直に受け取ろうとはしません。というより、受け取っていることに気付かないのかもしれません。しかしあの世からのメッセージは、絶え間なくやってきているのです。

それを受け取れないのは私たちの準備ができていないからです。

例え一回、二回と失敗しても、アンテナを立て続けることが大事です。それを可能にする人は、失敗しても何か意味があると前向きに考えられる人です。

諦めないということは、レセプターを開いていることであり、その結果、次のメッセージを受け取ることができるのです。

そうやって一度、夢が現実のものになる成功体験をすると、またレセプターが開いて、あの世とのコンタクトがどんどんできるようになります。

松下幸之助は、「私は失敗したことはありまへん。ただ、うまくいかなかったことは仰山あります」と言っていました。エジソンも同様です。失敗は、成功までのプロセスにすぎません。その失敗にも、あの世からのメッセージが隠されているのです。

最後まで絶対に諦めない。諦めてやめてしまえば、自分でレセプターを閉じてしまうことになります。

夢が映像化される？　ことの意味

二〇〇八年十二月、日本の国際電気通信基礎技術研究所（京都府）が、人が目で何を見ているのか、その時読み取った脳の活動をコンピューターで処理し、その画像を再現することに初めて成功したと、米科学誌「ニューロン」が発表、それがニュースになっていました。対象は、単純な図形や文字の段階ですが、将来に「夢を読み取って映画のように画像化することも荒唐無稽なことではない」と、この研究所長は語っています。

これはコンピューターで、ついに夢まで見られるようになるといった技術の進化だけを意味しているのではなく、「新たな人類の進化となりうる発明である」と言うことができます。

脳の記憶も、視覚情報も、脳が指令して筋肉を動かすのも、すべて電気信号によるものです。それらの電気信号は、これまで脳波や心臓の鼓動やウソ発見機のような形で読み取ってきました。いま、コンピューターが高度化したことで、脳の情報の中身までも読み取ることができるようになるのです。

その延長線上で、人が、どんな夢を見ているのか、それをコンピューターがイメージとして画像化するかもしれません。その時こそ、この量子論が言っている「人の思いは現実化する」ことを、具体的に証明することになるのかもしれません。

　そして、夢が映像化できるのですから、当然、目覚めている時の脳の思考も映像化できるはずです。そうなれば、何が起きるのでしょうか。

　これまでは自分の意思を相手に伝えるためには、文字にしたり言葉にしなければできませんでした。そのため、なかなか思うように伝わらず、誤解を生むこともありました。しかし、頭でイメージしているものが、そのまま映像として相手に伝えられるとすれば、どうでしょう。瞬時に自分の思いを、相手に伝えることが可能になります。

　コンピューターが明確にイメージを映像化できるようになるには、まだまだ時間と技術が必要と思いますが、これができることの意味は、人間自身が「ものすごい進化」を遂げることにつながります。

　一番変わるのは、教育でしょう。書いて覚えていたのが、イメージで学べるのです。睡眠学習も可能になるかもしれません。そうなれば、誰もが高速で学ぶことができるようになるはずです。

　人間の脳が使われているのは、天才と呼ばれる人でも一〇％程度と言われています。このことから考えて、「なぜ人間の脳にはこれほどの余力があるのか」という疑問の意味までもわかってくるかもしれません。

人間が睡眠中にあらゆる情報を脳にインプットできるとすれば、脳は今以上に使われることになります。潜在意識がどんどん活性化されれば、人間が本来持っている能力がどんどん開放されることになるのでしょう。

超能力と呼ばれている能力も、人間が本来持っている能力です。ただ誰もがすぐに使える状態にはなっていないので、それを補うように技術が進歩してきました。

たとえば、テレパシーで相手に自分の意志を伝えられるようになれば、携帯電話は必要なくなります。人間が本来の能力を開花させれば、消えていくテクノロジーも多々出てくると思われます。そして生活は究極のエコ社会に向うということになるでしょう。

人間の脳の本当の進化の時がやってくることになれば、当然、肉体も進化することになります。「火事場の馬鹿力」と言われますが、重いタンスを平気で持ち上げる能力は、本来は人間に備わっているのです。

それを顕在意識が、ブレーキ役を果たしているのです。潜在意識がどんどん磨かれて活かすことができるようになれば、こうした能力を意図して出せるようになるかもしれません。

個々の人間がこれだけのすぐれた能力を与えられてこの世に生まれてきていることがハッキリと示されることになるのかもしれません。

未来ではなく、「過去が変えられる」という不思議

量子論では「遅延選択」として証明済み

「原子顕微鏡でみた世界では原子は動いている」、「電子は粒であると同時に波である」と、量子論が説明する現象はまだ初歩的なものです。

電子銃から飛び出した一つの電子は二つのスリットを同時に通過してしまうという「二重スリット」の実験で、ある物理学者が「電子が粒か波かのどちらかの姿を現すかという決定は、電子がスリットを通りぬけた後でも、観測者によって決定できる」と言い出したことで、すごい理論が導き出されました。（イラスト③）

「遅延選択」と言われている実験です。

私たちは「未来は変えられる」と言えば、素直に納得できるのでしょうが、量子論は違います。「過去が変えられる」と言うのです。

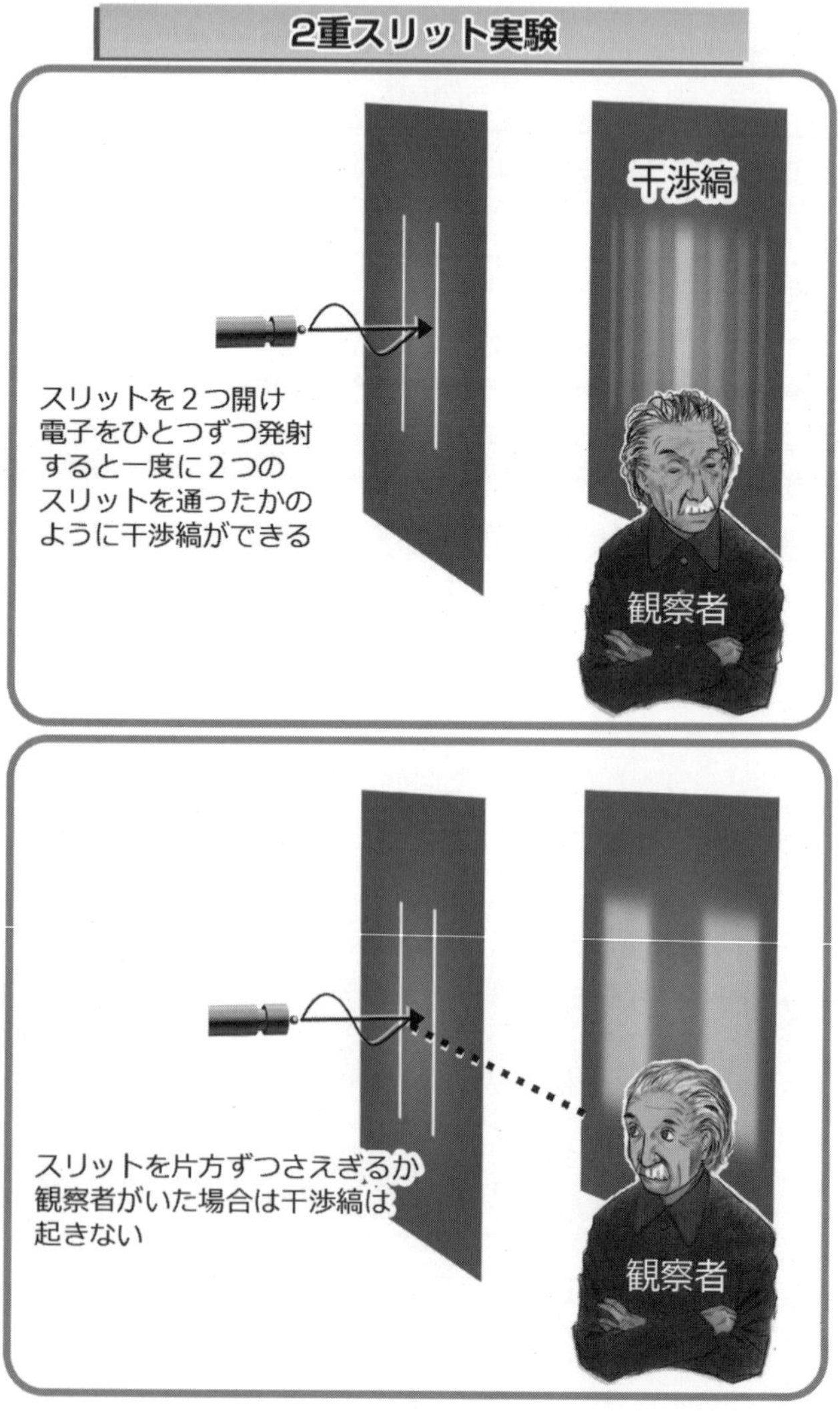

2重スリット実験
干渉縞
スリットを２つ開け
電子をひとつずつ発射
すると一度に２つの
スリットを通ったかの
ように干渉縞ができる
観察者
スリットを片方ずつさえぎるか
観察者がいた場合は干渉縞は
起きない
観察者

イラスト③

そんなことが実際にこの世で起きているとすれば、本当に支離滅裂な世界になってしまいますが、実際に実験では「過去が変えられる」ことが証明されてしまったのです。

しかも量子論物理学者は、それをとんでもない解釈で捉えています。

「それは実験を行った人にのみ起こったことだ」というのです。

そこで出てくるのが、パラレルワールドという捉え方です。

その時、宇宙は二つに分かれ、そのどちらの宇宙にも実験者が一人ずついる。その実験者の選択によって宇宙は、その度に無限大に枝分かれしていくというのです。

もう常識の範囲を通り越して、理解できそうもない話ですが、実験ではそういう結果が出ているのです。


この「遅延選択」の実験が私たちに伝えているのは、「考え方」です。

量子の世界で起きている出来事は、一般物理学が通用する世界ではありません。不思議な現象、奇蹟や超能力さえも、説明がつく世界なのです。過去を変えるというのは、物質的には不可能なことですが、意識においては可能です。

たとえば、自分の過去の失敗を振り返って、今と照らし合わせてみます。そこで、「過去の失敗は失敗ではなかった。その失敗があったから今がある」と理解できれば、失敗と思っていたことも、良き経験として受け止めることができます。すなわち、過去の失敗を、成功までの過程に変えてしまうことができるのです。

私なりに解釈するとすれば、「遅延選択で過去が変えられる」とは、意識のことを言っているのだと思います。

意識の上では、いくらでも過去は変えられるからです。

過去を変えるのは、記録があって初めてできる

私は一日の行動記録を毎日つけて、もう二十年以上も経ちます。「こんなことをして何になるのか」と、自分でも思うことがありましたが、やっている間に様々なことに気付いてきました。この「過去が変えられる」ということも、その一つです。

過去にやってきたことと、これからやろうとすることとの関連性や意味合いを知ろうと、過去の行動記録を見返した時に、当時は失敗だと思っていたことが、やはり自分には意味があったことだと理解できることがあります。これは過去を見返すことで、自分の過去を変えているからです。

それを可能にしてくれるのが記録です。失敗でも成功でも、その記録は今につながっています。過去の失敗が今に活かされているなら、その失敗は失敗ではなくなり、成功の種だったと言うことになります。

まさに松下幸之助やエジソンが言った、失敗は成功するまでの過程と捉えることができるのです。

失敗であろうと、挫折であろうと、全ては良き経験です。失敗や挫折は時間が経てば、キャリアと名前を変えます。

失敗を失敗のままにしておくと、新しいことへの挑戦意欲を奪ってしまうだけではなく、また失敗するのではないかと、マイナスの意識になってしまいます。失敗、挫折を自分のキャリアだと見返すことができれば、そこからチャレンジする精神が生まれ、未来はまるで変わってしまうのです。

それが「遅延選択」で可能になるわけです。

物理学者が言う「パラレルワールド」とは、どん底のままでいる世界と、成功した世界の二つがあり、そのどちらに自分を置くかで未来は全く別世界に暮らすことになるということ

遅延選択とパラレルワールド

遅延選択とは意識して過去を変えれば未来も
それによって変わっていくということ

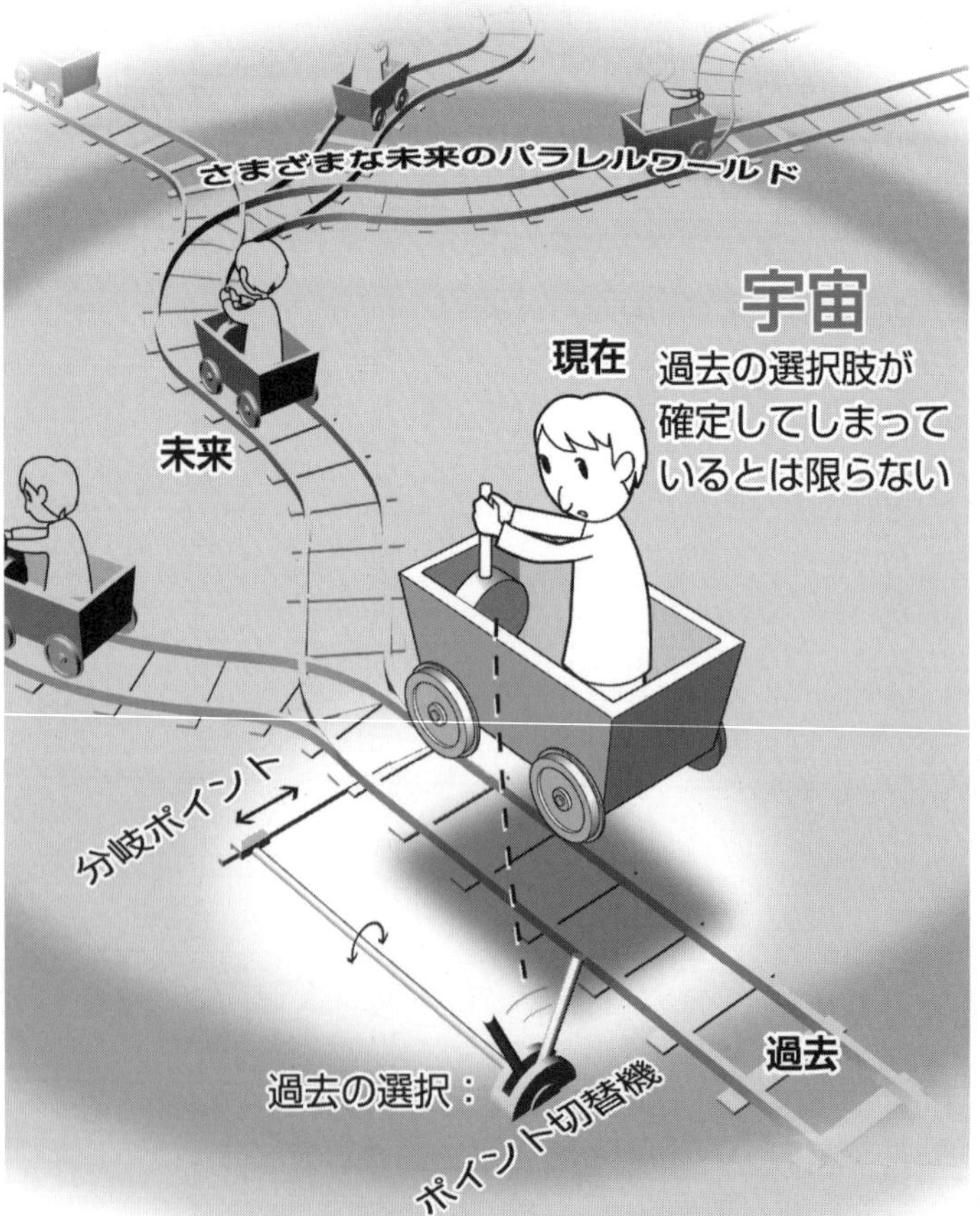

イラスト④

を意味しています。（イラスト④）

「過去が変えられる」ことで、未来が一八〇度変わってくるわけです。

「遅延選択」などと言うから難しい、わからないと思うのでしょうが、単純に、「過去を意識すれば、過去が変わって未来も変えられる」と思えばいいのです。

日常起きる小さな不幸の意味

「遅延選択」を知ると、自分の辛かった過去は今の自分にとって必要な経験だったと納得できます。当時は逃げ出したいと、避けることばかりを思っていたのに、後になって思えば、あの時こんな苦労をしていなければいまの自分はないと思えるのです。

いわば、人生における出来事には無駄はないのです。言い換えれば、自分の身の回りで起きることすべてになんらかのメッセージがあるということです。そのメッセージを読み解けるかどうかで、未来は変わるのです。

それでは、日常起きる小さな不幸にはどんな意味があるのでしょうか。

モノが突然壊れたり、ペットが突然亡くなったりすることで、怒ったり、悲しんだり、やる気をなくしたりすることがあります。

しかもモノが壊れるときには、一つだけではなくて、立て続けに壊れるということもあります。こういう場合、どう受け止めたらよいのでしょうか。

私は、こうしたマイナスの出来事というのは、ある意味、「放電」ではないかと思います。というのは、マイナスのエネルギーをため込み過ぎると、突然、爆発して大きな災いとなって降りかかってくることがあるからです。

それを避けるために、自然に放電している。小さな不幸は大きな不幸が起きるのを防いでくれていると思うのです。


ですから、こうした不幸や嫌なことがあったとしても、量子論の考え方で言えば「これでよかった」「一歩間違えば大変なことになっていたからこれですんでよかった」と素直に思うことです。後で振り返ってみると、必ず精神的な成長につながっているはずです。

「弱り目に祟り目」という言葉がありますが、そういう時は何をしてもうまくいきません。しかし、後で振り返ってみると、その時が精神的にも一番成長している時なのです。

やはり、人間というのは、自分自身が死ぬか生きるかの経験、それは病気であれ、事故であれ、会社のトラブルであれ、そういう目に遭うと成長します。

いくら本で読んでも、人から話を聞いても、頭だけの理解では、実際に体験して得られることとは違います。

モノが壊れる、ペットが突然亡くなることも体験です。そこから何を感じて、何を学ぶかです。すべてはそこにメッセージがあるのです。

不幸を「よかった」と受け止める訓練

何か嫌なことがあって、それをいつまでもくよくよ悩んでいると、自分自身がもっと惨めになってしまいます。いくら怒っても、いくら悲しんでも、壊れた事実や亡くなった事実が変わるわけではありません。

こうした時に、自分の気持ちをどのように切り替えられることができるか、それが大事になってきます。ペットが亡くなったことをいつまでも苦しんでいれば、亡くなったペットの方が、もっと悲しい気持ちになると思います。

そうならないためにも、「今までありがとう」と、気持ちを切り替えるのです。「とげぬき地蔵」ではないけれど、壊れたモノや亡くなったペットは、厄落としのために自分の身代りになってくれたのだと考えてみるのもいいかもしれません。

「悪いことがあった時にこそ、それを自分がどう受け止めるか」、それが一番大事です。最初から「これでよかったんだ」とは思えるようにはなりません。しかし、そうした経験を積み重ねていくことで、だんだんとそういう考えができるようになっていきます。

そしてまた、小さな不幸を「よかった」と受け止めることは、結局、自分が死ぬ時に、自分の死を素直に受け入れられるかどうかの訓練をしているように思います。

「余命の宣告を受けた人は一つのプロセスをたどる」と、キューブラ・ロスは言っています。最初は拒否したり、否定したくて暴れまくる。しばらくすると、神との取引の時間がやってきて、やがて死を受け入れる受容の時を迎えます。

これは末期ガンなどで自分の死と向き合わねばならなくなった人の場合ですが、何の前触れもなく、突然やってくる死もあります。自分が死について何も考えないままで死を迎えてしまえば、この世に未練を残してしまうこともあろうかと思います。

死はこの世から見れば大きな不幸です。その大きな不幸を受け入れる訓練をするために、日々の小さな不幸は起きているのかもしれません。そして「それで良かった」と捉えることができれば、自分の人生についても「良かった」と考えられるはずです。

「言葉の二次災害」を起こさない

自分の行動は、自分の考え方で決まります。プラスのことを考えればプラスの行動をし、マイナスを考えれば、マイナスの行動をします。

小さな不幸がやってきた時に、特に注意しておきたいのが、「言葉の二次災害」を起こさないことです。

たとえば、財布を落としたとします。

イライラするのが普通でしょうが、そのイライラを自分だけで止めておけばいいのに、家に帰って家族に愚痴などを言ってしまうと、もっと大変なことになります。

今度は、「失くしたあなたが悪い」とか、「今月どうするの」と言われて喧嘩になってしまいます。財布を失くしただけでは済まずに、とんでもないことに発展してしまうことが往々にしてあるのです。

「病気になった場合、それは身体の病気であって、それを心にまで持っていくな」と、中村天風は言っています。同じように、自分の身に起きた不幸を自分だけで止めておけばいいのに、それを人に当たり散らせば、受けた方は災難です。問題がさらに大きくなったりしてしまいます。

それが「言葉の二次災害」ですが、人に当り散らした後で後悔するは自分です。

災難が起きた時にどう受け止めるか、すべては捉え方次第ということです。

最もわかりやすい例は、「初恋」です。せっかく思いを寄せた初恋で、恋人にふられたら、それで人生の終わりだと考えてしまいますが、時間が経ってまた他の人を好きになれば、そんな辛さ、悲しさなどなかったように忘れてしまいます。

「起きてしまったことは仕方がない」と、ただ受け入れるしかありません。小さな不幸がやってくるのは、その訓練だと思えばよいのです。

起きてしまった過去を、自分がどう受け止めるかでその先が違ってきます。これが、「遅延選択」の活かし方になります。

人間はやはり追い詰められないとわからない

毎日、普通に生活していることがどれほどありがたいことか。そう感じている人は、どれほどいるでしょうか。できることなら、そう感じながら生きたいものです。

しかし幸せが当り前になると、そのありがたさを感じなくなってしまうものです。

九〇年代に数多くのヒット曲を生み出し、時代の寵児と呼ばれた音楽プロデューサー・小室哲哉氏が詐欺容疑で逮捕されました。逮捕されてはじめて自分の立場がどうだったのかがわかったのではないでしょうか。

大富豪から一転して、自分の著作権を売らなければならないほどに追い詰められていたのです。かなり以前から資金繰りに駆けずり回っていたと言います。自分の置かれた立場を忘れ、なんとかしようとしていたのでしょう。恐らくは、逮捕されてホッとしたのではないかと思います。

今ある立場がどういうものなのか、その渦中にいる時はなかなかわからないものです。自分の立場を失ったり、健康を害したりして、人生を立ち止まる瞬間がやってきて、初めてわかるものです。

人生で大事なことは、ここからです。こういう立場を失った時にこそ、生まれ変わらなければなりません。それに役立つのが「遅延選択」です。その活かし方で、今後の人生がまるで違ってくるはずです。

なぜなら「遅延選択」に従えば、過去は変えられるからです。しかもそれは自分の意識を変えるだけで可能になるのです。要は失敗をどう活かすか、過去を見返して、その誤りや失敗をそのままにせず、自分の未来に活かしていけばいいのです。

小室氏の場合、逮捕は過去を振り返るきっかけになるでしょう。そこで出直すチャンスをもらったと考えるか、何で逮捕されたのかと過去を悔いるだけで終わるのか、その選択が今後の人生を決めることになります。

詐欺事件を起こしたことで批判されていますが、それは逮捕されるまでの自分がしたことであって、才能を失ったわけではありません。

逮捕されたことで、誰からも干渉されない時間ができたと考えることもできます。その時間を新たな楽曲作りの時間と考えれば、未来は大きく変わるはずです。

この経験で、より素晴らしい楽曲を生み出すことになるかもしれません。

やはり人間は、自分が追い詰められないとわからないものです。

今まで当たり前だったものが当たり前でなくなった時、初めて自分の今までの幸運に気付きます。それだけに目の前で起きた出来事に愕然とし、先の希望を見失ってしまうのが普通です。

でも、その時こそ、自分の過去を振り返る好機でもあるのです。

量子論が説く意識の世界では、「過去は変えられる」のです。

自分が立ち止まる瞬間、自分の前には二つの宇宙（生き方）が出てきます。一つは、過去の自分をそのまま引きずった宇宙（生き方）、もう一つは、過去を振り返って自分の意識を変えたことでやってくる宇宙（生き方）です。

自分の未来をどうするのか、それは、その時の選択に掛っているということなのです。

我々は常にあの世とつながって生きている

この大事なことに気付いてほしい

日本人は、春や秋のお彼岸やお盆にはお墓参り、新年には神社へ初詣、町の神社でお祭りがあれば参加し、観光でも神社仏閣を訪ねたりします。

それには何か、意味があるのでしょうか。

実は、あの世とつながるための行事なのです。

あの世とのつながりの話をしてきましたが、現代日本はこうした行事の意味を理解しないまま過ごしているのではないでしょうか。

ぜひとも、この大事なことに気付いてほしいのです。

では、どういう意味があるのかをみていきましょう。

「あの世とつながって生きている」を忘れてしまった現代

毎朝、神棚や仏壇に手を合わせている人がどれほどいるでしょうか。

一昔前までは、いま自分がここにこうしてあることはご先祖様のおかげであると感謝して手を合わせることから一日が始まりました。それを私流に解釈すれば、「常にあの世とつながって生きている」ことを感じさせる、日本の良き習慣だったのだろうと思われます。

今ではこうした習慣もなくなり、生きていることの意味もあまり考えないで生きている人が多くなったように思われます。

この習慣は、理屈で伝えられてきたのではなく、おじいちゃん、おばあちゃんの姿を見て自然と継承されてきたのです。しかし日本が戦後復興の中で、アメリカを手本にして、経済的な豊かさばかりを追い求めてきたことで、忘れ去られてきました。

家族も核家族化したことで、お年寄りを大切にする気持ちもだんだんと薄れていきました。

何世代も同居する昔の家庭では、育児問題や介護問題はありません。三世代、四世代同居の家庭では、現役世代は働いて家計を支え、おじいちゃん、おばあちゃんが孫の面倒をみる。

その孫がまたおじいちゃん、おばあちゃんの生き甲斐になる。それぞれが協力し合い、それぞれの役割を果たして生活していたのです。

それが今では、子供に面倒を見てもらいたくはないと考える親が増え、子供も自分のことだけで精一杯。とても親の面倒を見られる状態ではありません。面倒を見ようとすれば、仕事を辞めないといけない。これで日本は本当に豊かな国になったと言えるのでしょうか。

経済が豊かになったことで、なんでもお金で済ませるようになってしまいました。そのためにお金がなくなれば、とんでもない事件が起きるのです。介護に行き詰まっての犯罪であるとか、悲惨な事件が多発しているのはそのためです。

モノはあふれるほどありますが、それで豊かになったと言えるのでしょうか。決してそうは思われません。

心の豊かさを、戦後どこかに置き忘れてきた結果ではないかと思います。

モノ、お金万能主義の中で自分に代わって、先祖供養、お墓参りと、なんでもやってくれる時代になっています。それで心のこもった供養や先祖への感謝になるのでしょうか。

きっとご先祖は、形だけでなく自分に心を向けて欲しいと願っていると思います。自分の番になって、その気持ちが初めてわかるのかもしれません。

「お葬式」の意味を考える

「自分の葬儀」を夢で見たという人がいます。また、霊能者が死者との対話で「自分の葬儀を見ていた」という話もあります。

どの宗教でも、亡くなった日から一ヵ月ないし四十九日の法要があります。これは、亡くなった人の意識はしばらくこの世にあり、そして天に帰るということを意味しています。

では、葬儀は何のためにやるのでしょうか。それは、これまでお世話になったことへの感謝と礼儀のためにあるのだろうと思います。

今でも田舎に行けば、隣近所が助け合って葬儀を出すという地域もあるようです。ところが都市部では、いつしかコミュニティーが無くなり、隣に誰が住んでいるかわからないというのが普通です。隣近所に干渉されたくないという気持ちもわかりますが、なんとも寂しい限りです。

「村八分」という言葉があります。今は仲間はずれのように解釈されていますが、日本には昔から村の掟を破った者とは十のうち「八分」は付き合わないということが行われてきました。しかし残りの「二分」、火事の消火活動と葬儀の世話だけは付き合うという掟です。

今の日本ではそれすらなくなっているのです。

二〇〇八年に入ってから、親が亡くなって葬儀代が払えなくてそのまま遺体を遺棄していたとして、子供が逮捕されるという事件が相次いで起きています。ある事件では父親と長女が同居していたにも拘わらず、同様の事件が起きています。

これらの事件は、まさに今の日本を象徴しています。

これは経済的な問題だけではなく、家族や地域で相談できる相手がいなくなっているという証です。

亡くなった親からすれば、自分が死んだことで息子が逮捕されたわけですから、死んでも死にきれないでしょう。

いつまでもこんな日本でいいはずはありません。

葬儀に自分の生き方が顕著に現われる

高齢化時代を迎えて、新たなビジネスとして葬儀屋さんが増えてきました。昔ながらの葬儀ではなく、本人がこうしたいという意思を尊重する「自分葬」です。

葬式とは、自分が「あの世」へ帰るための儀式ですから、「こうして欲しい」という本人の意思があれば、そうする方がいいのではないかと思います。

音楽葬やオートバイ葬など、演出をしてくれる会社もあります。亡くなった本人の気持ちになれば、生前にお世話になった人たちが集まって、自分なりの葬儀で送り出してくれるのですから、こんなに嬉しいことはないと思います。

お坊さんや神父さんが来て儀礼的な葬儀を行うのが普通でしょうが、時代が変わって本人の意思が反映された葬儀ができるようになったことは、亡くなった本人が一番喜んでいるのではないでしょうか。

逆に、どんなにこの世で成功して大金持ちになっても、もし悪名だけが残ってしまう生き方をしていたらどうでしょう。葬儀参列者は形式的に顔をだすだけで終わってしまいます。あの世に逝ってから「侘しい人生だった」と後悔することになるでしょう。

さらには、自分の存在を誰も憶えていてくれなかったらどうでしょう。「死んでも意識はある」わけですから、忘れ去られてしまうことは一番寂しいことのはずです。

だからこそ、あの世に逝って自分がどう思われたいのかをこの世にいる間に考えて生きるという「量子論的生き方」を考えていただきたいのです。

どういう生き方をしたか、周りの人にどう思われてきたか、それが自分の葬儀の時に顕著に現われます。

「お墓参り」の意味を考える――あの世を身近に感じること

量子論で言えば、この世はあの世が取り巻く形で存在しています。あの世の中に、この世があるということです。量子論が見たこの世とあの世の関係は、詳しく第四章で説明しますが、我々はあの世からこの世へと生まれてきたのです。ですから、本体はあの世にあるということです。

「本体」であるあの世と何らかのコンタクトを持つ方法として、お墓参りが一番わかりやすい行動かもしれません。

お盆にでも田舎に帰ってお墓参りすればいいのですが、本当に大事だと思うのは、その時だけご先祖や両親のことを思い出すのではなくて、毎日の生活の中で思い出したり、仏壇があれば花をあげたり水をとりかえたりして感謝することだと思います。

ご先祖の数は三十何代もさかのぼれば、世界の人口数を超えてしまいます。

そのつながりがあって、今の自分はこの世で存在しています。それを考えただけでもこの世に生を受けたことは奇蹟的であり有難いことだと思うのです。

まずは両親や先祖を思い出し、感謝の思いを持って生きることが大事ではないかと思います。

そうすることであの世が身近に感じられるようになり、感じることであの世とのコンタクトができ、あの世から様々な情報が与えられるようになります。

それが発明、発見というアイデアになったり、結果的に自分の生活を守ってもらったり、良くしてもらったりすることになると思うのです。

「お墓参り」の意味を考える——感謝することがものすごく大事

「努力がない陽気な人は単なる馬鹿である」と言われますが、絶えず自分が明るくふるまうには相当な努力が必要です。

朝起きて雨が降っているだけで気が滅入り、「今日は会社に行きたくない」と思う人もいるようです。本来、天気が悪いことと自分の気分とは何ら関係もないことなのに、どうしてそのように思ってしまうのでしょう。

人間は身体を持っていますから、どうしても状況によって気分が影響されてしまいます。影響されないためには、元気が出る音楽を聴くとか、自分で歌を歌うとか、何か楽しいことを考えるとか、そういう努力が必要です。

同じように、「感謝する」ことにも努力（訓練）が必要です。なぜなら悪いことが身の回りで起きると、どうしても人はマイナスに考えてしまう傾向があるからです。

感謝することを訓練しているとマイナスのことが起きても、「こんなことで済んでよかった」と感謝できるようになります。

例えば、バイクで転倒して骨折する事故をしたとします。当然、痛い思いをするのですから、気持ちは落ち込んでしまいます。仕事も当分休まないといけないと思うと、どんどん気が滅入ってきます。そういう時にどう思うかです。

「自分だけの事故でよかった」、「相手を傷つけずに済んでよかった」、「自分で蒔いた種なんだから自業自得」と考えられるかどうかです。

何があっても感謝する気持ちを持つことができれば、それだけで人生は変わります。ピンチの時こそ、ありがとうの気持ちが大事なのです。

人生は、身に起きた出来事の受け止め方で幸せにもできるし、不幸にもできます。幸せな人生を築きたいなら、感謝を怠らないことです。神社やお墓参りに行っても、神様や先祖に対して感謝することとです。

「苦しい時の神頼み」のように自分が困ったときだけ行って、あれこれとお願いするのは、神様や先祖にとっては大きな迷惑です。「なかなか顔を出さないで、たまに来たなと思ったら、お願いごとばかりか。ふざけるな」となってしまいます。

またお願いごとばかりしていると、感謝することを忘れてしまいます。

自分がこうしていられるのは、先祖や両親のおかげであると感謝する。そういう気持ちに気付かせてくれるのが、日本のお盆という習慣ではないかと思います。

「法事」の意味を考える

お盆のほかに、三月と九月にはお墓参りに行ったり、親戚を訪ねたりする「お彼岸」という習慣があります。また、亡くなった家族の命日には、一周忌、三周忌、七周忌というように、供養のための法事が行われます。

親の代から当たり前のように行われてきているので、法事の意味を知らないで出ている人も多いと思います。強いて言えば、これは死者のために行うためではなく、生きている人たちのためのイベントではないかと思います。

兄弟、親戚同士といっても、核家族になり遠く離れて暮らすようになると、どうしても疎遠になりがちです。日頃から行き来していればいいのでしょうが、そうはならないのが現代です。

法事でもない限り、親戚一同が集まる機会など、なかなかあるものではありません。法事だからこそ、日頃付き合いが薄くなった親戚縁者がお互いに声をかけられるのです。

法事の意味とは、亡くなった人の供養ですが、生きている人たちが社会とのつながりを確かめ合うための習慣として昔から行われてきたのだと思います。

地域のお祭りもまた、生きている人たちが社会のきずなを確かめ合う行事と言えます。欧米では誕生日やクリスマスに集まる習慣はありますが、こうした日本の行事はやはり日本人が農耕民族だからでしょう。

今はその血縁、姻戚関係すら壊れてきているように思われます。親子、兄弟といった家族関係そのものが壊れてきていることを考えると当然かもしれませんが、こうした人間関係こそが戦後の日本が失った最も大切なものではないかと思われます。

昔は、三世代の大家族が普通でした。これが戦後、アメリカに倣って核家族化が進行し、今では親が共稼ぎで、子供はカギっ子という家庭が珍しくなくなりました。親子のきずながほとんどない家族も増えているのです。

これが意味することは、戦後の日本を弱体化するアメリカの政策が大成功したということになります。日本民族の良き習慣が壊されたのです。

だからこそ、今まで日本人が大切にしてきたこうした習慣を掘り起こして、見直していくことが大事になってきているように思うのです。そして、人としての本来の生き方、幸せがどういうものかを、日本人が世界に指し示さなければならないではないかと思っています。

「なぜ日本人が」と思われるでしょうが、あの聖徳太子が定めた、十七条憲法の最初の文言を思い出してください。

「和をもって貴《たっと》しとなす」。

世の中が乱れれば乱れるほど、「和」の精神が大事になると思うからです。このことをわかっているのが、日本人だからです。

「お寺詣《まい》り」「神社詣《もう》で」の意味を考える

お墓参りに行かない人でも、初詣はもちろん「困ったことが起きた」、「悩み事ができた」

とか、「宝くじが当たってほしい」、「商売が上手くいきますように」とか、自分の都合ができた時には、お寺や神社に足を運ぶのではないでしょうか。

昔から「苦しい時の神頼み」と言われます。不況になれば、神様にすがるしかないと考える人が増えるのもうなずけます。

しかし、自分が苦しい時だけ頼みに来るのはどうでしょう。人間でも嫌なことです。神様にとっても迷惑このうえないことでしょう。どうしようもない時ほど、お賽銭をはずむという心境になりますが、これこそ「神様を買収する」ようなものです。

例えば、宝くじで億万長者になった人が最高の人生を送っているかと言えば、そうとは限りません。かえって不幸になっている人もいます。宝くじに当たる人は、自分が当たると本気で確信している人ですから、その幸運を呼び寄せるのでしょうが、自宅の神棚に祭ったり、神社に詣でて神様に願をかけたりしていると思います。

神様はその願いをきちんと聞いて当たるようにして下さいますが、当たって不幸になる人は、「罰が当たっている」としか考えようがありません。

それは、お金が欲しいと誰よりも強く思っている人が、お金の怖さを結果的に教えられることになると思うからです。

お寺や神社に行こうという気持ちは大事ですが、何を祈るかがもっと大事です。ただお金持ちになりますようにとか、自分の欲ばかりを出して神様にお願いしても、自分が努力することなくして当たってもロクなことはないでしょう。

意識の世界では、「あの世」からのパワーの方が強く、この世で成功するためのアイデアやヒントをくれたりするわけですから、「お寺参り」「神社詣《もう》で」の時には、日頃応援してくれていることに感謝することが大事です。

素直に感謝することで、あの世へのレセプター（受容体）は開きますが、自分の欲を要求するだけではこのレセプターは開きません。たとえ願いを聞き届けてくれたとしても、ロクな目に遭わないのが現実のようです。

「寿命」とは何か

寿命とは、この世とあの世とどちらに視点を置くかで捉え方がまるで違ってきます。

この世から見れば、自分の寿命が短いと言われれば、残念ということになるでしょうが、あの世から見れば、「いい人ほど早死にをする」と言われるように、この世での修行が早く終わると捉えることができます。

では、寿命をどう捉えたらよいのでしょうか。

まずは、人それぞれに寿命は違うということです。長い短いは他人と比較で決まるものではありません。自分には自分の寿命があると私は思っています。

もう一つ私は、自分が生まれてきたことの意味を成し遂げてあの世に帰る、いわば、この世でのミッション（役割）が終了したという意味があると思うのです。

そう考えると、やはり今を真剣に生きることが大事であって、寿命が長いから幸せで、短いから不幸だとは一概に言えなくなります。

とは言っても、交通事故などで幼くして子供を亡くした場合は、悲しみのどん底に落とされたと思ってしまうでしょう。「幼いのに可哀そう」、「なんであんなにいい子が」と誰もが口にすることからも、それがわかります。

しかしこの子供にとっては、自分が生まれてきた役割を終えたということかもしれません。その役割とは、子供を亡くしたという体験を親にさせることです。それが親のこの世での修行ということです。子供はそのことを親に分からせる役目があり、その使命を全うしてあの世へと帰っていったと受け取ることができます。

親なら自分の子供を亡くすことが最も辛いことだと思うのですが、このように考えるしかないのではないでしょうか。

寿命はあの世から考えれば、この世で修行する期間ということです。あの世と比べれば、辛くて厳しい修行に出ていくのですから、一説では帰ってくる日を自分で決めているとも言われています。

それが正しいかどうかはあの世に帰ってみないとわかりませんが、最近の遺伝子研究の進化で大変興味深いことがわかってきました。

二〇〇四年三月、米国立保健研究所が糖尿病になりやすい体質を遺伝子レベルで突き止めたと発表しました。

個々の遺伝子をみると、将来どういう病気になりやすいのかがわかるというのです。この研究結果を利用して将来かかるであろう病気を予防する、再生医療の研究が進んでいます。

これは、遺伝子の中に自分がどういう形であの世に帰っていくのかという方法が最初からプログラムされているとは考えられないでしょうか。

成人病という言葉がありました。今では生活習慣病と呼ばれています。がん、脳卒中、心筋梗塞、そして糖尿病、高血圧などは、食生活、運動不足、喫煙などが原因でかかると言われています。つまりは、不摂生をし過ぎると、自分が将来かかるであろう病気の遺伝子のスイッチが入って、その病気にかかってしまうと言えなくもありません。

そしてその遺伝子が記憶している病気にかかって、あの世へと帰って行く。
寿命もあの世からの視点で考えてみれば、違った捉え方ができるのです。

第四章　量子論は「あの世」の存在にまで挑み始めた〜

量子論が「あの世」を科学する

量子論という最先端物理学を研究する学者たちは、人間の目には見えないナノの世界に触れた時、これまでの物理学ではとても信じられないようなことを言い始めました。

人間の意識とか、意思とかを物理学の世界に持ち込んだのです。

これが、ニールス・ボアの「コペンハーゲン解釈」と呼ばれているものです。

そして量子論は、ニールス・ボア（一八八五～一九六二）の時代からどんどん進んで、今や「この世とあの世」を解き明かそうとする理論が三つも出ています。それは、

「明在系」「暗在系」

「量子脳理論」

「五次元世界」

という三つの理論です。

いずれも、宇宙はどうして生まれたのかを探る過程で見えてきた量子論の世界です。それぞれの理論を唱えている博士たちは、「あの世」と直接表現しているわけではありませんが、物理的に視覚として我々が捉えられない空間がそこにはあることが理論的に見えてくるというのです。

その空間を我々が理解するには、見える世界が「この世」で、見えない世界が「あの世」と表現する方がわかりやすいのかもしれません。

それでは、量子論が説く「あの世」の世界へと足を踏み込んでみることにしましょう。

「明在系」「暗在系」とこの世、あの世を説明する量子論

真空が「万物の創造主」だった

まずは、真空が「万物の創造主」だったという話からです。

真空、つまりは宇宙空間がそうですが、宇宙飛行士の姿を見ていると、重力はないし、水

滴はすぐに丸くなってぷかぷかと浮かんでいます。もちろん酸素があるわけではありません。

そういう状態を真空と言い、これまでは何もない空間と考えられてきました。

ところが、量子論はその常識を疑うようなことを言い始めたのです。（イラスト⑤）

「真空とは、何もない空間ではなく、エネルギーが満ち満ちて、波立っている状態である」と。

エネルギーが高まり、その高まったところから物質としての素粒子が生まれてくる。その素粒子はかならずプラスとマイナスがペアで生まれてきて、ペアで消えている。ペアで生まれて消える、これを「対発生・対消滅」と言いますが、発生しても消滅するので、何もない空間だと考えられてきたと言うのです。

真空の世界、何もない空間で絶えず物質としての素粒子が生まれては消えていると言われても、それがどういう状態なのかなかなか想像できません。でも量子論では、それが常に起きていると言うのです。

そしてその対発生・対消滅がたった一度だけ、素粒子は出てきたけれども消滅しなかった瞬間こそ、その宇宙の始まりであるビッグバンであると考えられています。

ですから、この真空こそが「無から有を生み出している世界、有から無に帰って行く世界」ということになるわけです。

真空

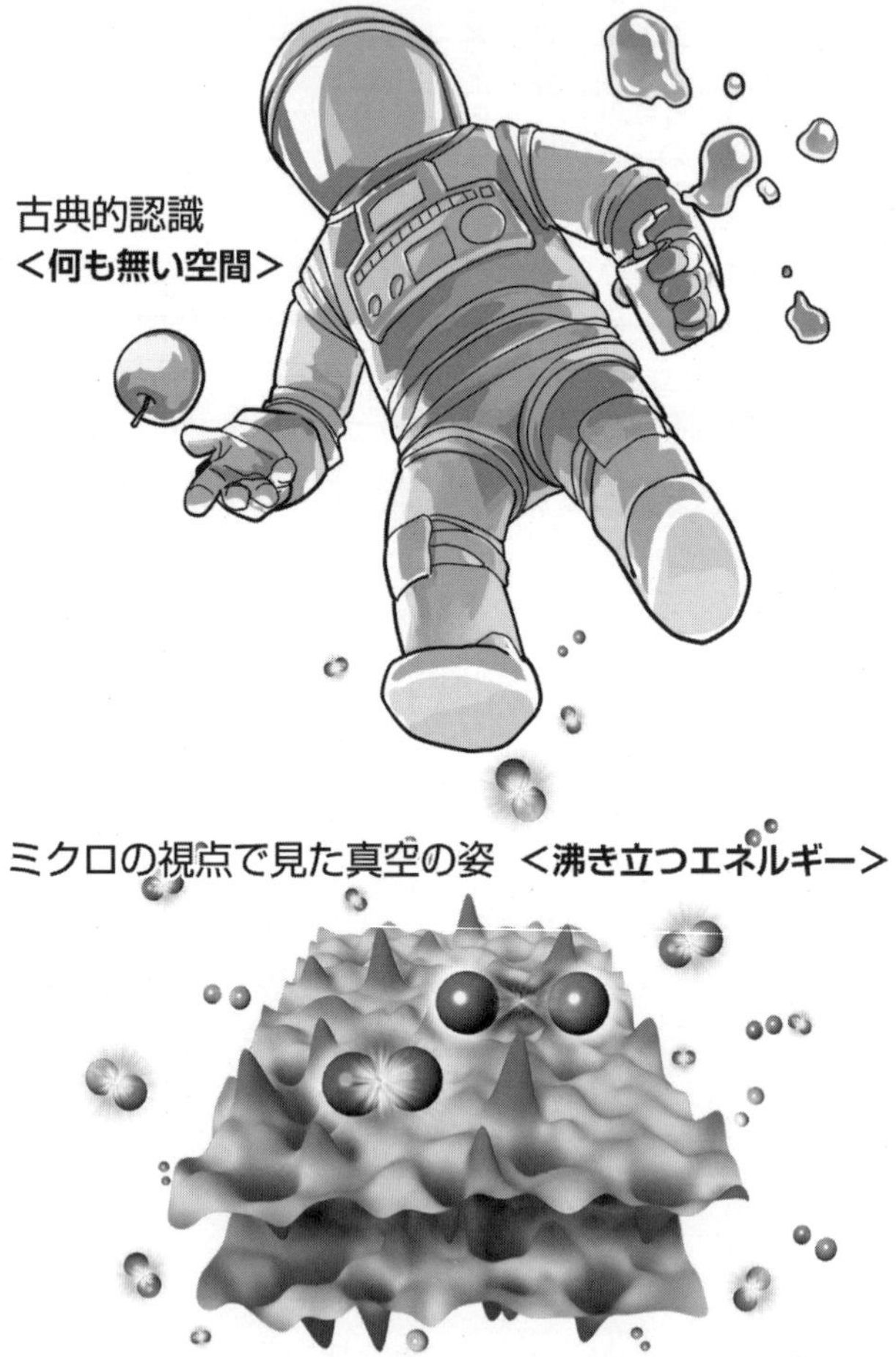
古典的認識
<何も無い空間>
ミクロの視点で見た真空の姿 <沸き立つエネルギー>

イラスト⑤

別の言い方をすれば、真空は「万物の創造主」ということができるのです。

物質の本来の姿はスカスカ

なぜこの真空にこうした解釈が成り立つかと言えば、それは、宇宙や我々生命体などの物質を作り出している原子の本当の姿が量子論で明らかになってきたからです。

原子の構造については、高校の物理学で「原子核の周りに電子が回っている」とだけ習ったと思います。ですから、原子核と電子があることくらいは知っていても、その距離がどれくらい離れているかは知らない人が多いと思います。

それを量子論が解き明かしたわけです。

原子核を一メートルくらいのボールと仮定して東京駅のど真ん中に置いた場合、電子がどれくらいの距離を離れて飛んでいるかと言えば、電子はせいぜいパチンコ玉くらいの大きさで、東京駅から一〇〇キロ離れた千葉県銚子あたりを回っているのです。

これが何を意味しているのか、お分かりでしょうか。

原子は、中身がぎゅっと詰まった状態でなく、スカスカの状態だということです。つまりこの宇宙も、私たちの身体を作っている原子も、中身はスカスカだということです。

原子核と電子の間には、巨大な真空の空間が存在していることがこの量子論で明らかになってきたわけです。

原子核と電子が揃って原子となり、その原子が集まって物質が構成されることを否定する人はいないと思いますが、その周りには、真空の空間が広がっていると言っても、にわかに信じられないかもしれません。

真空は、タダの空間ではない。「万物の創造主」と言える空間なのです。その空間の中に包み込まれるように、物質の世界があるのです。

こうして物質の世界と空間の世界、この両者の関係が、この世とあの世との関係として解釈されるようになってきたわけです。

「明在系」「暗在系」と名付けた量子論学者

原子核と電子が揃って一つの原子となり、それが集まって物質を形作ります。その原子の姿を見てみると、原子核の周りに巨大な空間が広がっています。何もない空間と物質、その両者の関係を例えて「明在系」「暗在系」と名付けた量子論学者が、デヴィッド・ボーム（一九一七～一九九二）です。（イラスト⑥）

原子核と電子

イラスト⑥

ボームは、「宇宙は二重構造になっており、我々がよく知っている物質的な宇宙（明在系）の背後に、もう一つの見えない宇宙（暗在系）が存在します。あの世（暗在系）では、この世（明在系）の全ての物質、精神、時間、空間などが全体としてたたみ込まれており、分離不可能です」（『ここまで来た「あの世」の科学』天外伺朗著より）と述べています。

別な表現で説明するなら、私たちが生きている世界、すなわちこの世を例えたのが、「ホログラム」の考え方です。

ホログラムとは、一万円札や五千円札やクレジットカードの片隅に偽造防止のために付けられている、キラキラ光っている三次元写真のことです。

「我々の見ている世界は、暗在系に閉じ込められた立体映像に、光が当たって投影されている世界である」

ボームのこれらの言葉から見えてくるのは、あの世とは決して遠いところにあるものではなく、まさに原子の構造と同じように、この世とあの世はこの同一空間に存在している。しかも、あの世こそが「本体」であるということです。

この世とあの世の関係について、もっとわかり易い話をしましょう。

テレビはなぜ映るのでしょうか。

テレビが画像を映し出せるのは、目には見えない電波が常に存在しているからです。ワンセグ携帯電話でどこでもテレビ放送が見られるようになりましたが、それは放送局から送られている電波があらゆる所を飛んでいるからです。

つまり、この世とあの世は、テレビと電波の関係なのです。

電波は目には見えません（あの世）が、アンテナが電波を拾ってテレビで光信号に変えることでその画像（この世）が映し出されるわけです。

テレビ自体は、いわばホログラムのような存在で、電波信号に後ろ側から蛍光灯で照らし出して映像化しているのです。蛍光灯は一秒間に五十回ないし六十回、点《つ》いたり消えたりを繰り返していますので、厳密にいえば、一コマは写真のようなものです。それが連続しているために人間の目が錯覚し、動いているように捉えるわけです。

この仕組みを考えれば、テレビが本体ではなく、電波自体が「本体」ということがおわかりいただけると思います。（イラスト⑦）

目には見えない電波に後ろから光を当てることで、それが画像になっているという関係は、まさにこの世とあの世との関係と言えます。そして「この世はホログラムである」といった表現も理解できると思います。

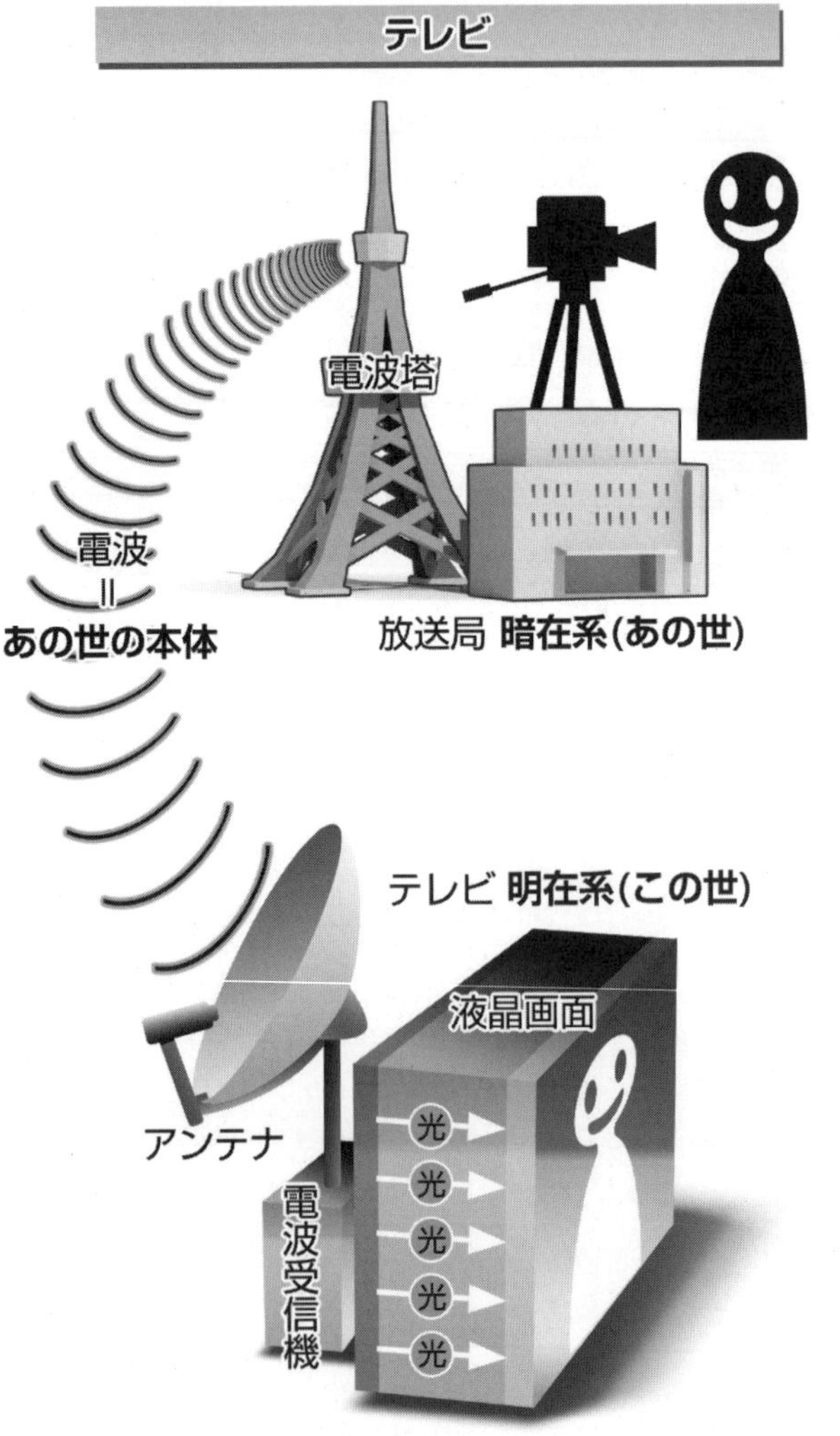
テレビ
電波塔
電波
=
あの世の本体
放送局 暗在系(あの世)
テレビ 明在系(この世)
液晶画面
アンテナ
光
光
光
光
光
電波受信機

イラスト⑦

なぜこの世は「ホログラム」と言えるのか

テレビの画像がどうして映し出されるかに疑問を持つ人はいないかもしれませんが、ボームが言うように、「この世はあの世がホログラムのように後ろから光を当てられて映し出された姿である」ということには、どうも納得がいかないという方もいると思います。

なぜ、この世はホログラムと言えるのか。量子論で説明したいと思います。

量子力学の中に、「トンネル効果」と呼ばれる現象があります。

これは今から八十年余も前、一九二八年に宇宙誕生のビッグバン理論を提唱した物理学者ジョージ・ガモフが「原子核のアルファー崩壊」をこのトンネル効果で説明したことに始まります。

このトンネル効果とは、その名の通り、通り抜けるという意味です。

普段、壁にボールを投げれば、当然、跳ね返って戻ってきます。

先ほど述べたように、原子自体はスカスカの状態なのに、モノとモノがぶつかれば、弾き飛ばされるというのは、どういうことでしょうか。

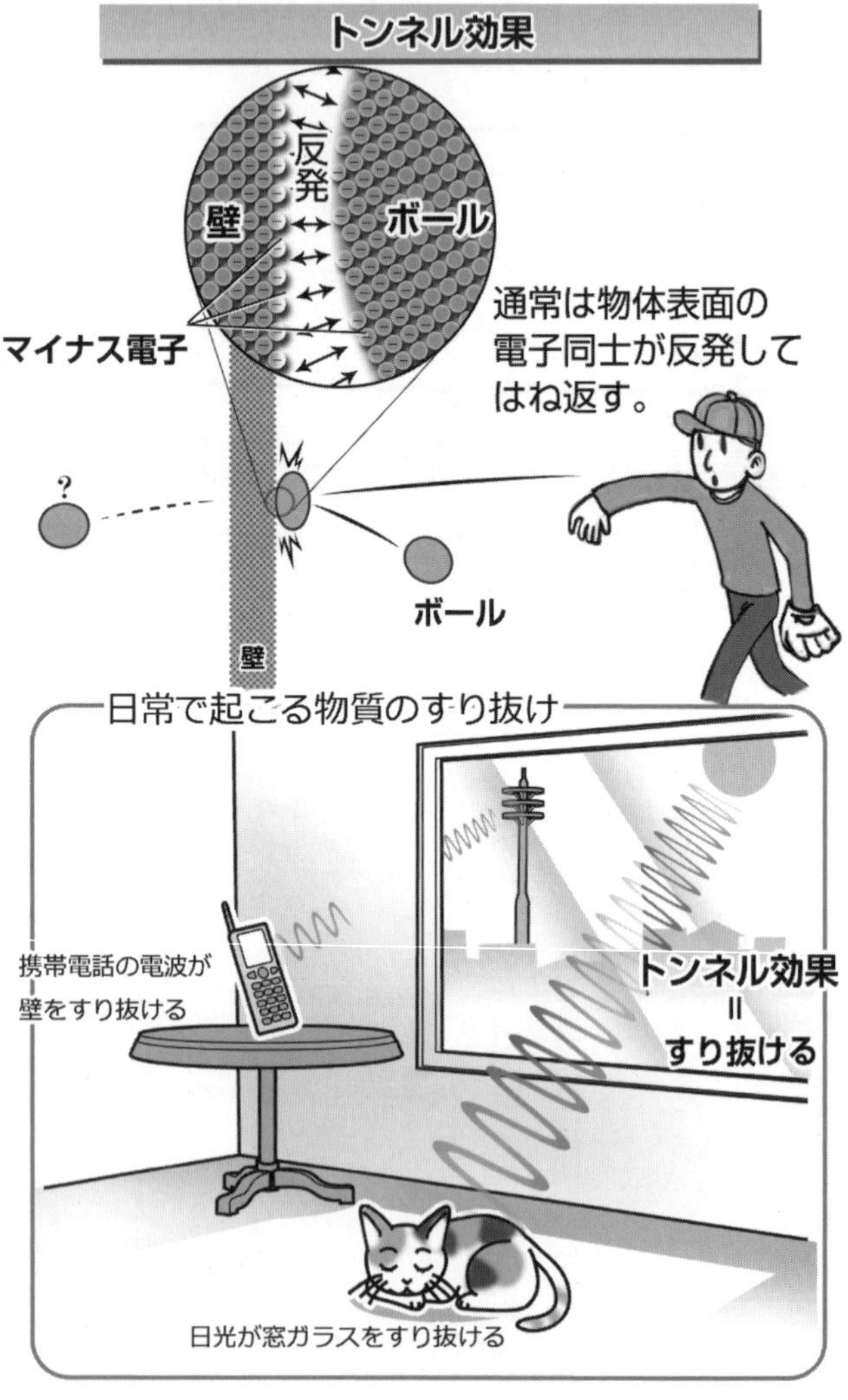
トンネル効果
反発
壁
ボール
マイナス電子
通常は物体表面の
電子同士が反発して
はね返す。
?
ボール
壁
日常で起こる物質のすり抜け
携帯電話の電波が
壁をすり抜ける
トンネル効果
=
すり抜ける
日光が窓ガラスをすり抜ける

イラスト⑧

それは、物質の原子に存在するマイナスの電子が介在しているからです。

物理学で説明すれば、「壁にもボールにもマイナスの電子があり、そのマイナスの電子が行き来して激しくぶつかるために反発し合って相手を弾き飛ばす」ことになります。

しかし、量子レベルでは「通り抜けてしまう」のです。（イラスト⑧）

物質は塊であるという常識で考えると理解できないことかもしれませんが、通り抜けは量子論の世界で日常的に起きている現象なのです。

このトンネル効果については、空間物理研究家のコンノケンイチ氏がもっとわかり易い表現で説明しています。

「扇風機の羽の間にはスキ間があるが、高速回転している時には羽は見えないし、手を差し込めば怪我をする。同じように『この世』の物質同士は同じ振動レベルに在るため、互いが重なり合ったり、すり抜けることは難しいのである。量子力学の計算によれば何億回に一度ぐらいは確率的に、われわれは壁の中を通り抜けることができるという」（『死後の世界を突きとめた量子力学』徳間書店刊）。詳しくは、コンノ氏の本を読んでみてください。

物質（量子）が物質を通り抜けるという現象は、量子の世界では常に起きており、私たちは日常生活の中で毎日体験し恩恵を受けているのです。

例えば光ですが、アインシュタインが「光子」と名付けているように、質量を持っています。でも、壁には遮られてもガラスのような物質だと通り抜けて来ます。

また、携帯電話やテレビの電波も、地下や大きなビルの中では受信不能となりますが、普通の家なら受信できます。それは、電波が壁やガラスを通り抜けているからです。


このように目には見えない量子の世界では、常識では考えられないことが起きています。ですから量子論物理学者は、この摩訶不思議な世界に足を踏み入れれば入れるほど、目に見えるこの世とは別に、違う世界が広がっていると考えた方が自然だと捉えたのではないでしょうか。

それが、「明在系」「暗在系」と表現されたり、天外氏、コンノ氏のように我々にわかり易く「この世」「あの世」と表現されたりしているのです。

「あの世」の存在が物理的に証明されたわけではありません。ですから信じられないという人もいるかと思います。しかし我々が目にしている世界と、量子の世界という別の世界がこの同一空間にあることだけは確かなことです。


さて、このトンネル効果で考えてみたいのは、私たちの意識は一体どこにあるのかです。

誰もが自分の意識は脳の中にあるものと考えているのでしょうが、実際にはそうではなく、この世の本体である「あの世」にあるのかもしれません。

肉体があり、感覚があることで、これが〝現実〟の世界だと思い込んでいますが、実際には、映画『マトリックス』で描かれたように、本体は常にあの世にあって、この世はあの世に光が当たってトンネル効果で映し出された姿なのかもしれないのです。

これは私が考えていた一つの空論に過ぎませんでしたが、あながち間違っているとも言えなくなってきました。新たな量子論が、この意識の面から「あの世」の存在に挑み始めているからです。

「意識」の存在に挑む、「量子脳理論」

「この世」と「あの世」に〝意識〟はある？

デヴィッド・ボームが「明在系」「暗在系」と表現して、この世はあの世が映し出されたホログラムであるという考え方を示しましたが、それは物質的なものだけの説明です。

生きている者の意識については、これまで解明されてきませんでした。

その意識を探る学問にこの量子論を持ち込んだのが、数学者であり理論物理学者であるロジャー・ペンローズ（一九三一～　）です。

「ペンローズの量子脳理論」によれば、「人間の意識は量子力学の波束の収縮によって生まれる」というのです。

これだけの説明で「なるほど」と分かる人はいないと思われますが、先ほどの真空の話よりもこの量子脳理論で考えた方が、目で見えている世界の他にもう一つの世界が存在することの理解が進むのではないかと思って、ご紹介します。

私は脳梗塞で倒れ行くほんの一瞬の間に、自分の人生に起きたことを振り返り、家族の事を思い、そして自分の人生に満足を感じることができたと第一章で述べましたが、その時、私の意識はいったいどこにあったのかを考えてきました。

皆さんは、意識はいったいどこにあるとお考えでしょうか。

こう聞かれれば、勉強している人ほど、「それは脳である」と答えるでしょう。

なぜなら、脳で物事を考える、記憶する、判断する。脳で痛い、熱いと感じる。手足を動かす指令も脳が出している。脳で我々はすべてのことを意識しているのだと教えられてきているからです。

実際のところはどうなのでしょうか。

その脳を動かしているのは、意識のはずです。では、その意識は、脳の中にあるのでしょうか。

第二章で、臨死体験者の話をしました。心肺停止状態になっている患者が自分の寝ている姿を見ていたり、あの世の入り口まで行って帰ってきたとか、亡くなったはずの祖父母、両親が出てきて、「まだこちらに来てはいけない」と言われて戻ったら意識が戻ったとか……その人たちが異口同音に言っているのが、「死んでも意識があった」ということです。

「意識は脳の中にある」という説明は、必ずしもそうとは言えないと思えるのです。

臨死体験者の話は信じられないという人でも、この例ならどうでしょう。

我々の身体の細胞は、古い細胞から新しい細胞へと常に生まれ変わっています。これは「新陳代謝」と呼ばれているのでご存知のことと思います。最も生まれ変わりの遅い部分は骨盤と言われていますが、それでも十年です。我々の身体は十年間かけて全ての細胞が新しくなるのです。そのコピーミスが〝がん〟であると言われています。

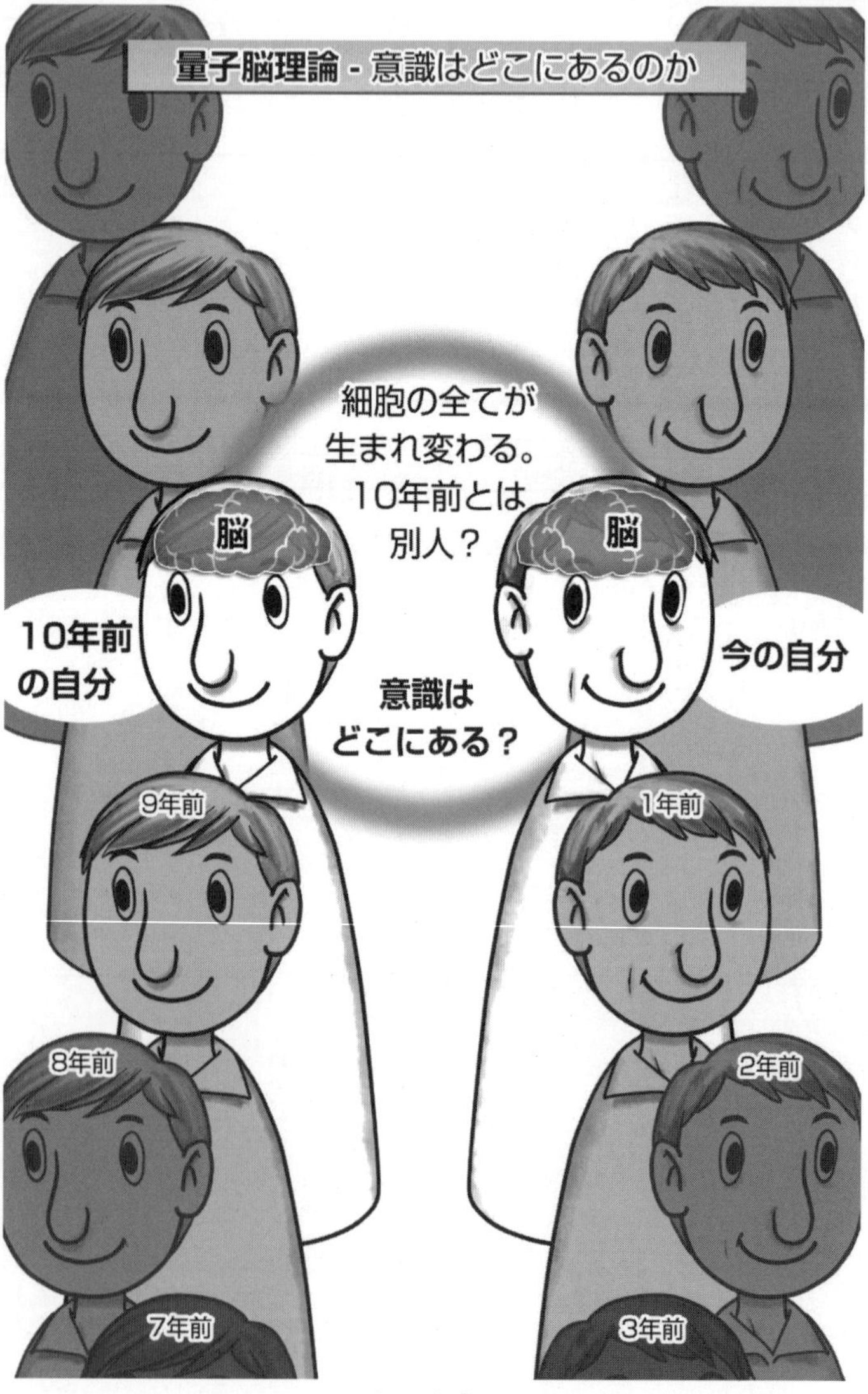
量子脳理論 - 意識はどこにあるのか
細胞の全てが
生まれ変わる。
10年前とは
別人？
脳
脳
10年前
の自分
今の自分
意識は
どこにある？
9年前
1年前
8年前
2年前
7年前
3年前

イラスト⑨

身体の細胞レベルで見れば、十年間で全てが入れ替わっているのに、意識はなんら変わることはありません。意識は脳にあるとすれば、脳細胞自体が入れ替わっているのに、意識は入れ替わってはいません。おかしなことだと思いませんか。（イラスト⑨）

意識は、身体、細胞の中に宿っているのでしょうか。

このことからして、脳細胞の中に我々の意識があるとは言えないのではないでしょうか。

どうでしょうか。皆さんも一緒に考えてみてください。

ココロもエネルギーであり、物質化する？

意識はどこに存在するのか。今までは脳の中にあると考えられてきましたが、最近、どうもそうではないらしいと言われ始めました。それが、「量子脳理論」です。

そのカギを握っているのが「光」です。

ココロ（意識）がどこにあるのかを探ることで、「明在系」「暗在系」から「この世」「あの世」の関係をみる見方とは違う、別の見方が見えてくるのです。

タイトルに「ココロもエネルギーであり、物質化する？」と付けました。とても信じられないと思われる人もいるでしょうが、それはアインシュタインの有名な方程式ですでに証明されています。

「$E = mc^2$」

エネルギーは質量×光速の二乗に比例するという方程式です。これが大きなカギとなるのです。この方程式が意味していることは、三つあります。

一、エネルギーと物質は同じものである

二、物質はエネルギー化する

三、エネルギーもまた物質化する

二の「物質がエネルギー化する」ことは、この方程式を使って原子爆弾が開発されたことからも明らかですが、問題は三の「エネルギーもまた物質化する」ということです。

エネルギーが物質化するなどありえないと思われているかもしれませんが、この証明をする実験が、欧州セルンの世界最大の円形加速器「ＬＨＣ」で行われようとしています。

その実験とは、「ヒッグス粒子」と呼ばれる素粒子を見つけるものです。（イラスト⑩）

このヒッグス粒子こそ、エネルギーに質量を与える物質ではないかと考えられているからです。

物質のもととなる素粒子は質量がありませんから、光の速度で飛びまわっています。しかし、光速で飛びまわっている素粒子がこのヒッグス粒子とぶつかれば、速度が落ちて、そして重さを持つようになると言うのです。これは、いわば、宇宙創世の謎に迫る証明実験なのです。

円形加速器「ＬＨＣ」では、光の速度まで素粒子同士を加速して互いにぶつけます。この飛び散った破片の中に、このヒッグス粒子が見つかれば、それが「エネルギーもまた物質化する」ことの証明となるのです。

途轍もないエネルギーが大爆発して生まれた光がこのヒッグス粒子にぶつかって重さを持ち、物質化してこの宇宙を創った。いわば、光からこの宇宙は生まれたことになるのです。

エネルギーを物質化する素粒子「ヒッグス粒子」の存在がなければ、この宇宙は存在しえず、エネルギーである光がただ飛び交っている状態にすぎなかったのかもしれません。

それだけにこの欧州セルンでの実験は、人類にとっての偉大な発見につながる可能性を持っているのです。

ここで「この世」「あの世」の関係を見ると、ヒッグス粒子にぶつかって生み出された世界が「この世」で、素粒子が光速で飛びまわっている世界が「あの世」であるということになります。

「ココロ」の存在を証明する
アインシュタインの
相対性理論が「ココロ」の
存在を証明する
物質のエネルギー化
原爆
エネルギーの物質化？
セルン「LHC」での実験
＝
素粒子を光の
速度まで加速
してぶつける
$E=mc^2$
アインシュタイン

イラスト⑩

「光速になれば、時間は経過しない」

これもアインシュタインの相対性理論ですが、この地球にたどり着いた星の光はたとえ何億光年かかっていようとも、その光が出た時から時間は経過していないのです。一方で、その周りで、ヒッグス粒子にぶつかって質量を得た世界では過去から未来へと時間が流れることになります。

このアインシュタインの相対性理論で、「光の世界では、時間がなく、過去、現在、未来が全部つながっている世界である」ことになり、つまりは、この光の世界が「あの世」であると考えてもいいのではないかと思えてきます。

『旧約聖書』の創世記にある、最初に神が発した言葉も「光あれ」でしたし、神は光のような存在として表現されていることにも意味があるのかもしれません。

『成功法則は科学的に証明できるのか?』（奥健夫著・総合法令出版）という本の中に、この「量子脳理論」のわかりやすい結論が出てきます。

「脳細胞の中で、水分子がコヒーレントになり特殊な光が出ている」

「この波がそろったコヒーレントな光の集合体が『心の正体』だ、という説も出されています」

というのです。

このコヒーレントというのは、水分子の波動が全て揃った状態という意味です。

ペンローズのこの「量子脳理論」の結論から考えますと、「心＝光」であって、その光がコヒーレント、波動がばらばらではなく、集合し合った時に「意識」として生じてくるのではないかと考えられるということです。

余談ですが、アインシュタインはこの「E＝mc^2」という方程式に、なぜ光の要素を入れたのでしょうか。

推測にすぎませんが、アインシュタインがこの「光速の二乗」を要素にしたのは、光が物理学における最大の数値だったからかもしれません。一秒間に地球を七・五周するほどの速さです。原子の中に閉じ込められたエネルギーを開放すれば、途轍もないエネルギーが生まれることを表現したいために使っただけかもしれません。

しかし、この「量子脳理論」によって、光は「意識」としてこの世を構成する要素だったということになれば、まさに皮肉としか言いようがありません。

なぜならアインシュタインは数多くのパラドックスを示してこの量子論を否定してきたからです。中でも、ニールス・ボアが物理学に人の意識を持ち込むことに一番反対したのが、アインシュタインでした。

そしていま、その相対性理論を使って、量子論的に「意識」がどこにあるのかが証明されようとしています。あの世からみているアインシュタインはこの実験をどう感じているのでしょうか。

「量子脳理論」が正しいと証明されればどうなる

「量子脳理論」によれば、「意識」は光のエネルギーであり、そのエネルギーは強烈になれば、質量をもって物質化するということです。これは、まさに量子論学者がコペンハーゲン解釈として唱えてきた「思いは現実化する」に他なりません。

それが、欧州セルンでの「ヒッグス粒子」の存在確認で科学的に証明されようとしているのです。

これが証明されれば、どういうことが起きるのでしょうか。

簡単に言えば、マイナスのことは考えないで、プラスのことだけを考えていけば、いい人生を皆で送れるのだということです。

「意識」も一つのエネルギーですから、強烈に思い続けると、それがある瞬間から物質化現象を引き起こすのです。それが、アイデアや人生の道が開けるひらめきであったりするわけです。

成功者は、人一倍、思い込みが激しい人であると言ってきましたが、これは、意思の強い人がなぜ成功するのかの証明につながるのではないでしょうか。

また、何かを成し遂げたいと思う人がどんどん増えて、一人だけの意識ではなく、その意識が束になってくると、コヒーレント（二つの波が干渉し合うことのできる性質）を起こして、波紋が広がり、途轍もない大きな出来事を引き起こす。「一〇〇匹目の猿」と呼ばれている現象もまた、この実験結果で物理的にありうることと納得できるようになるのではないでしょうか。

「時代が動く」と表現する時がありますが、こういう時は、「変えなければいけない」という皆の意識がコヒーレントを起こして、そのエネルギーが爆発した瞬間に起きることではないでしょうか。一人一人の思いは小さくても、集まってコヒーレントすれば、大きなエネルギーを生むのだと思います。

「大統一場理論」から出てきた「五次元世界」

目には見えない「異次元世界」の存在に挑む物理学者

「宇宙には私たちの目には見えない別の次元があるかもしれない」

我々が生きているこの世は「三次元世界」です。縦横高さに時間という要素があって、この世は構成されているのですが、「五次元世界」という異次元がこの同一空間には存在すると言い始めた物理学者がいます。

ハーバード大学のリサ・ランドール博士です。

ネットの「YouTube」に出ていた、ＮＨＫ・ＢＳ制作、ランドール博士の特集番組からこの新しい理論を知りました。詳しく知りたい人は、このアドレスにアクセスして見てください。

http://www.youtube.com/watch?v=Kx7uSgtibQw&feature=related

なぜ「五次元世界」という発想が生まれてきたのでしょうか。

この番組をもとに簡単に説明します。

アインシュタインが提唱しながらその生涯を終えてしまったために、解き明かすことが叶わなかった理論に「大統一場理論」と呼ばれるものがあります。この解明に、多くの物理学者が取り組んでいます。量子論で、物質の究極の素粒子は何かを探る一方で、物質を動かしている力についても探ってきました。それがこの「大統一場理論」で、四つの力であることがわかったのです。

その四つの力は、電磁力、重力、弱い力と強い力と呼ばれています。この「大統一場理論」では、その四つの力はもともと一つの力だったというのです。

ランドール博士の発想の出発点は、この四つの力のうち、重力だけがなぜ極端にその力が小さいのかという疑問だったといいます。

重力が小さいというのは、クリップが磁石に簡単に吸い上げられることなどからわかります。飛行機やロケットは十分な推進力と浮力があれば、飛びます。それは地球の重力より引き上げる力が優っているからにほかなりません。

その疑問を解く考え方として出てきたのが、「異次元世界」の存在です。

物質を構成する残り三つの力はこの次元の宇宙だけに止まっていますが、重力だけは次元を超えて作用しているから、その力が極端に弱いんだと、博士は説明されています。

欧州セルンの円形加速器「ＬＨＣ」では、「ヒッグス粒子」発見の実験のみならず、この「五次元世界」理論を証明する実験も行われます。

一般的に、目に見えるものが突然消え去ることはあり得ないことですが、量子論の素粒子の世界ではありうるのです。

それが「トンネル効果」と呼ばれている現象で、空間物理研究家のコンノケンイチ氏は、「量子力学の計算によれば何億回に一度ぐらいは確率的に、われわれは壁の中を通り抜けることができる」と表現されていますが、この世の目に見える世界では起こりえないことが、見えない世界では起きるのです。

この円形加速器「ＬＨＣ」での実験で、ランドール博士は、素粒子がまるで幽霊のように消えてしまうことがあるとすれば、その消えた先こそ異次元ということになると説明されています。

ですから、「三次元世界は五次元世界に組み込まれている」という博士の発想が証明されることになります。

この実験が成功すれば、今までの物理学で考えられてきた常識は一気に塗り替えられ、量子論の世界が当たり前のように捉えられていくのかもしれません。

我々は、その入口に立っているのです。

次元、空間、時間をも簡単に飛び越えるもの

「重力は次元を飛び越えて行き来する。だから、極端に力が弱い」と、ランドール博士は説明されています。

そこで私が気付いたのは、この重力のほかにもう一つ、次元を飛び越えて行き来できるものがあるという点です。

いったい、何だと思われますか。

それが、「意識」です。

意識は、次元、空間、時間をも簡単に飛び越えてしまうことができるのです。

そんなはずはないと思われているかも知れませんが、たとえば、アンドロメダ銀河を思い浮かべてみてください。

数多くの星が渦になって銀河を作っている。写真や映画などで見たことがあると思いますが、我々の「天の川銀河」の隣にあるのが、アンドロメダ銀河です。約二〇〇万光年離れていますが、意識は一瞬で行くことができます。アンドロメダまで遠く離れなくても、パリでも、ニューヨークでも、京都でも、行きたいと思っている所を想像することは、自分の意識を空間を越えて飛ばしていることになるのです。（イラスト⑪）

意識は、時間の壁も簡単に突破します。

団塊世代がリタイアの時期を迎えていることもあって、「昭和三十年代」ものが流行っていますが、当時の街並みや駄菓子に出合うと、「ああ、懐かしいな」と思います。それは自分の意識をその当時に飛ばしているからなのです。もっとわかりやすい話をすれば、亡くなった人を思い出せば、生きている当時の様子が思い浮かびます。意識は、瞬時にその人が生きていた当時まで遡って、思い出を再現してくれるのです。

ビデオもネットで「オンデマンド」で見られる時代になってきましたが、意識は、次元、空間、時間を飛び越えて行き来することができるのです。

携帯電話は場所を飛び越えて人と話ができるツールですが、オーストラリアの原住民アボリジニの人たちはそんな道具は使わずに、直接、頭の中で会話することができるそうです。

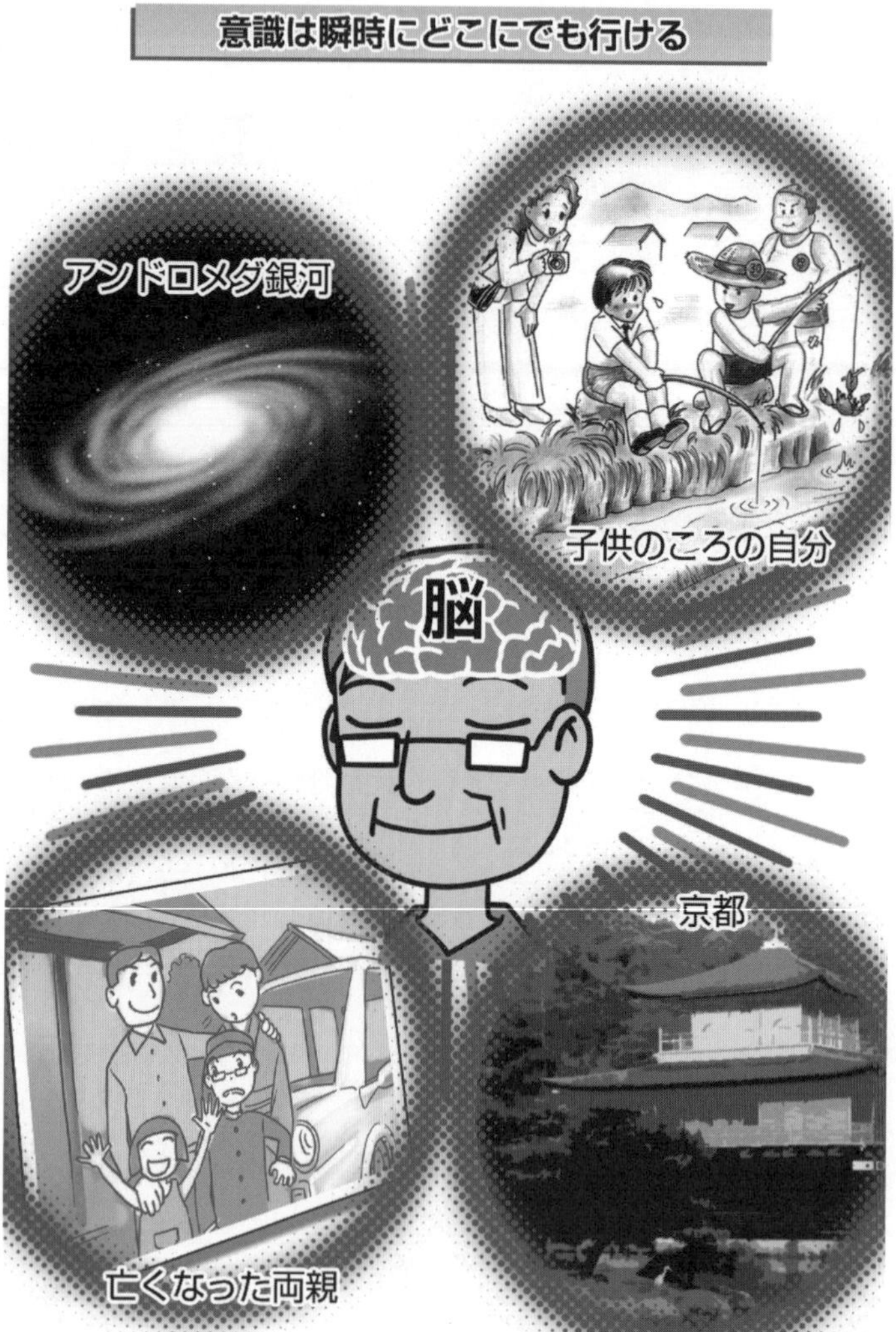
意識は瞬時にどこにでも行ける
アンドロメダ銀河
子供のころの自分
脳
京都
亡くなった両親

イラスト⑪

一九九五年に話題になった著書『ミュータント・メッセージ』（マルロー・モーガン著、角川書店刊）の中に、メンタル・テレパシーとして出てきています。

テレパシーと言うと、超能力で、あり得ないと思うかもしれませんが、動物の世界ではそのあり得ない能力を実際に使っている動物がいます。クジラやイルカ、こうもりは自分で超音波を出して、自分の位置を確認したり、エサをとったりしています。

そして驚くことに、クジラは、数百キロ離れていても、自分の仲間と会話することができます。動物たちにこうした能力があるなら、人間にあってもおかしくはありません。


さて、これらのことは、何を意味しているのでしょうか。

思い出が蘇るとは、自分がその時に意識を飛ばして、当時の現実を引き寄せてきているのだと解釈できます。

「引き寄せの法則」と呼ばれるものがありますが、この「思い出が蘇る」ことでやっているのと同じように、自分が明るい未来をイメージすれば、その考えたままの現実が引き寄せられてやってくるのだと考えれば、納得がいくのではないでしょうか。

自分が会いたいと思っていた人と偶然に出会うとか、電話が掛ってくるといった「共時現象」もまた、自分の意識が次元、時空を超えてその現実を引き寄せてきているだけのことと考えられるのではないでしょうか。

ですから、最も大事なことは、「自分が意識を出さないとその現実はやってこない」という点です。

そして、マイナスの意識は出さないことです。マイナスのイメージは、マイナスの現実を引き寄せるからです。

第四章コラム　量子論は単純な方程式

物理学の法則というと、それだけで難しいと思ってしまいます。ましてや難しい数式が出てきたりするとなおさらです。しかし量子論が伝えていることは、「信じれば実現する」という非常に単純明快な方程式ではないかと私は思っています。

一番分かりやすい例は、催眠術です。椅子に頭と足だけをつけて横にならせて、「あなたは棒のような状態になりました」と言って、その人のおなかに誰かを座らせる。これを意識がある状態でやれば、とてもできるものではありませんが、催眠状態であれば、平気でできます。これは人間が本来それだけのことができる能力を持っているということの証し」です。

病院に見放された人が気功などによって治っていくのは、本人が持っている自然治癒力がどんどん覚醒していくからです。人間は、自分で自分の身体を良くする能力を備えているのです。自然の力を信じれば、奇蹟は起きるのです。

催眠術にかかった時はできるのに、意識がある時にはできないというのは、なぜでしょうか。それは意識が邪魔をしているからです。

素直にモノを信じたり、考えられたりする人は、頭で理解できないことでも、「それが人間本来の能力ですよ」と言われると、素直に受け取って、その力を自分のものにしてしまいます。

ところが、勉強ばかりしてきて常識を叩き込まれた人ほど、今まで見たことがないことが目の前で起きた場合には、それ自体を否定してしまう傾向があります。

原子顕微鏡でみた原子の姿を映したビデオを見せても、信じない人はいます。

子供に見せれば、全員が素直に「こんなことがあるんだ」、「すごいなあ」と感じると思うのですが、今の教育を受けて懸命にがんばった人たち、いわばエリートになればなるほど、教科書に出ていないことは理解できません。

それは、知らないこと、未知なる体験をすると、自分の経験、知識と懸命に照らし合わせようとしますが、それでもわからないと考えること自体をやめてしまう、思考停止になってしまうからではないでしょうか。世の中に起きることの全てが教科書に書かれているはずはないからです。

量子論とは、「信じれば現実化する」という単純な方程式なのです。

第五章　量子論の活かし方

自分の人生は、こう考えればいい

自分の思いが自分の人生の主である

限りある人生で残された時間がなければないほど、自分の人生の本当の意味は何か、また自分が生まれてきて一番したいのは何なのか、何をすべきなのかを真剣に考えたくなるものです。

ただ生きるために仕事をしているとか、いい家に住んでいい車に乗ってということだけで自分の人生の全てを費やしているとすれば考えものです。私なら、きっと死ぬ間際になって、何のための人生だったのかと後悔すると思うからです。

私たちは肉体を持っていますので、生きている間は欲求が優先しお金やモノに執着しがちです。しかし、どんなにいい生活をしていても財産を築いても、死ぬ時には持っていけません。持っていけるのは、精神的な財産に限られます。

例えば、人のために自分の人生、命をかけて尽くしたとか、後世の人たちに役に立つ教えや考え方を遺したという気持ちは精神的な財産になります。

そこまでの偉業でなくても、家族のため、子供たちのため、自分が生きたことの証しをもって「よかったな」と思える人生も精神的な財産になると思います。

私の言いたいことは、人生最期の瞬間に「生きてきて本当によかった」と思えることが一番大事で、それはお金やモノに執着することだけから得られるものではないということです。量子論は「自分の思いが自分の人生の主である」ことを伝えています。精神的な財産を築くような満足がいく人生を送るためには、どうすればいいのか。それは自分自身が決めているということなのです。

幸せ、不幸は自分の考え方が創る

マイナスに捉えればまるで「氷」のような人生となり、人との縁とか人のためを考えて日々を送ると、本当にあったかい、有り難い人生をおくることができると私は思っています。考え方一つで、人生は本当に正反対の方向に行ってしまいます。

ということは、幸せ、不幸は、自分の考え方が創っていることになります。

このことがわかる、一つの出来事を紹介しましょう。

二次大戦末期、ソ連が参戦したことで満州にいた多くの日本人が捕虜として捕らえられてシベリアに抑留されました。殆どの人は絶望感にとらわれて、どんどん気力を失くし体力を消耗して死んでいきました。

ところが、あるグループだけは違っていました。

今のこの状況は「将来自分たちが日本に戻ってから日本を立て直すために与えられた試練の場である」と考えて、強制労働に自分たちからすすんで取り組んだのです。

言われたこと以上の仕事をこなし、やる気を出していれば、それは監視するソ連兵士にも自然と伝わっていきます。他の連中と違ってこのグループだけは懸命にやっている。だから、少しでも待遇を良くしてやろうと、ひとかけらしか配られなかったパンの量が増えたりしました。

それがまたやる気を引き出して、懸命に仕事をしました。その結果、そのグループでは誰一人として欠けることなく帰国できたというのです。しかも帰国の時には監視のソ連兵士と抱き合って涙で別れたというのです。

殆どの人たちはこのシベリア抑留で敵国にとらわれて、ひどい状況におかれて食う物も十分に与えられず、死んでいきました。

その違いが何であったのかと言えば、与えられた状況をどう受け止めたかの違いです。たったそれだけです。

過酷な状況は、マイナスに考える自分が創り出していることが、この話からわかっていただけるのではないでしょうか。

自分が酷い目に遭わされたら……

他人《ひと》のことを考えれば、自分の人生は豊かになります。なぜでしょうか。それは作用・反作用の法則のように、相手に対する気持ちが自分に跳ね返ってくるからです。

自分を酷い目に遭わせた人、人生のどん底に叩き落した人に対してもそう思えると、本当の意味で人生は豊かになります。

私は、バブル崩壊で大富豪から大貧民に叩き落とした相手である銀行などに対して、相手を引き摺りおろして同じ目に遭わせるのではなく、相手を助けることが私の最大の復讐だと講演会でも言ってきました。

そんな話をすると、「自分が味わった苦痛や苦悩をそのまま相手に味あわせたいと思うのが普通の感情だと思いますが、そんな気持ちになぜなるのですか」と聞かれることがあります。

その一つの答えとなるのが、「ああモンテンルパの夜は更けて」という歌の話です。

これも第二次大戦後の話ですが、フィリピン・マニラ郊外のモンテンルパに日本人兵士が抑留されていました。渡辺はま子さんという歌手がその話を聞き、大いに心を痛めて、日本から家族の手紙や慰問品を送り始めます。

そんな中で、絶望の中で故国日本に思いをはせる収容兵士の書いた詩が、抑留兵士の釈放嘆願活動をしていた加賀尾氏から送られてきます。そこで彼女はレコード会社に持ち込み、それを歌にして、慰問に行くことを決意します。当時、フィリピンとの国交は断絶していましたので、なかなか実現しませんでしたが、苦労の末に許されます。

その後、加賀尾氏が当時の大統領と面会を許され、その際にこの歌のオルゴールを献上品として持参し、何も言わず、このオルゴールを大統領に聴かせます。

それから一ヵ月半足らずで全員が釈放されるのですが、その時の大統領の言葉は、「私は誰よりも日本人を憎んでいる。妻と子供を日本人に殺された。けれどもあのメロディーを聴きながら思った。憎しみからは何も生まれない。愛だけが未来を開くのだ」というものでした。

一人の歌手が日本人抑留者の話を聞き、そこから歌が生まれて、当時の大統領の心を打ったという話です。

今でも家族を殺されているにも拘わらず、その犯人の死刑中止を嘆願している被害者遺族がいます。自分の人生をどん底に落とした相手に、なぜそんなことが出来るのか、なぜそんな気持ちになれるのか。それは、自分が本当に酷い目、辛い目に遭っているから、人の痛みが分かるからではないでしょうか。

自分がそこまでの経験をしたことがなければ、その人の心境は絶対に分からない、理解できないということなのです。

自分が酷い目に遭ったことのない人に、人の痛みはなかなか分かるものではありません。恨みを恨みで返すことは簡単ですが、このフィリピンの大統領が言うように、それでは何も生まれてこないのです。

自分ひとりで思い悩まないこと　〜思考の共振現象

自分ひとりで考えて行き詰まってしまったとか、もうこれ以上アイデアが出てこないと苦労する時があるかと思いますが、そういう時に、人と話してみると、自分一人では思い浮かばなかったアイデアが出てくることがあります。

自分の頭の中にはなかった発想やアイデアが、なぜそういう場面で出てくるのかは不思議なことですが、これを量子論で考えてみれば、「思考の共振現象」とでもいうべきことが起きているからです。

自分一人でアイデアを出すにしても、何もしないでボーとしていてアイデアが出てくることはありえません。

仕事でどうすればいいのか、これからの人生をどうしようかと必死で考えたり悩んだりすると出てくるのです。それは、脳波という「波動」を出しているからです。

レーダーは電波を出して、その電波が跳ね返ってきたことで相手の位置を確認するものですが、このレーダーと同様に、自分が脳波を出せばその波動が何かに当たって返ってくる。それが思いも寄らなかったアイデアを引っ張り出すことになるのではないかと思われます。

また、同じ波動に共振して、他の人からのアイデアが引き寄せられてくることもあるでしょう。

この現象は、まさに「三人寄れば文殊の知恵」ということです。

会って話している時には、言葉で自分の考え方を出してどんどん波動を出しているのですから、共振現象が起きる確率は、その分高まっているはずです。

困難にぶち当って自分で考えるのに行き詰まった時は、人と話をしてみることです。

そこで、自分で自分の思いの波動を出してみることです。

「どう生きようとしたか」が、つまり人生の意味

私は人生において大事なことは、「どう生きたか」ではなく、「どう生きようとしたか」であると思っています。

こう文章で書いても、この言葉の意味の違いをそう深く考えたりする人はいないのではないかと思われます。

「どう生きようとしたのか」をわかりやすく言いますと、「自分が死ぬ時にどういう気持ちで死んでいけるのか」ということです。

自分はこういう生き方をしようと努力して生きてきたとすれば、死ぬ時に恐れるものは何もないのではないかと思います。

臨死体験者の話では、自分が死んだときに迎えに来てくれる人がいるとのことですが、そ

の人がイエス様であれ、お釈迦様であれ、ご先祖様であれ、面と向かって自分の人生の意味を語るときに、「自分はこう生きようと考えて生きてきました。しかし、思いは遂げられませんでしたが、その気持ちは曲げませんでした」と思っていれば、正々堂々とそういう人たちの前で自分の人生を語れるのではないかということです。

今は自分の人生の意味を考えるという精神的なゆとりが持てない人が多いのではないかと思いますが、毎日毎日の生活をただ生きていくというのではなく、こう生きたいとの意思をもって過ごしていると、いつしか自分なりの人生の意味が見えてくるでしょう。

私の場合は、バブル崩壊で自分の命一つではどうすることもできない額の借金を背負わされたことで、自分の人生の意味を考えざるを得なくなりました。

ただ生きているだけでは死ぬ時に後悔することになるのです。私にとっては、「あれもしたかった」「これもしておけばよかった」と、後悔しながら死んでいくのが一番辛いことです。

そう考えて出てきた考えが、人生の意味は「どう生きようとしたか」が大事なのだということです。

大事なのは実生活での活用

本から得た知識と自らが経験した臨死体験をもとに、死の意味を考察してきました。そこではっきりとわかったことは、死を考えることは生を真剣に考えることになるということです。

生の欲求の一つとして健康補助食品ブームがありますが、単に体だけが健康で長生きすれば良いのかというと、それとは意味合いがちょっと違います。

本書で何回となく述べてきたように、死ぬ時に「満足だった」と言えるかどうか。そこが人生の意味を考える上で大変大切なところです。

では、どう生きたら満足だったと言って死を迎えることができるのか、きっと多くの人がそれを探し求めているのではないでしょうか。

そこで本章では、より良い人生をおくるために、量子論を実生活で活用する方法を紹介しますが、実は量子論を知らない人でも実生活では多くの方が実践しています。

成せば成る
念ずれば花開く
もとめよ、さらば、与えられん
Ask and it shall be given you.
Dreams come true.
Bittet, so wired euch gegeben.
求則得之
美しい夢は現実化する
天は自ら助くるものを助く
思いは現実化する

これらの言葉は多くの人たちの体験から分かったことを今に伝えているのですが、まさにこれは波動の原理を活用した人の生き方の智恵と言えます。面白いことに、これを調べてみるとほとんどの国で同じ意味の言葉があります。

この言葉の意味することがこの量子論で科学的に証明されようとしているのです。

それを自分の人生に置き換えて、実践していくのが、「量子論的生き方」です。
それでは、具体的にどうすればいいのかをここで整理しておきます。

集合エネルギーへのコンタクト

集合エネルギーへのコンタクトとは、あの世とコンタクトするということです。イラスト⑥（一六三頁）のように、原子核と電子の関係から見えてきたのは、この世はあの世の中に包み込まれるように存在しているということです。あの世の存在を信じてコンタクトすることから始めてみてください。

まずあの世を意識する

○あの世を意識するということは、目には見えない世界の存在を認めることです。
あの世にはエネルギーが満ち溢れています。そのエネルギーを受け取るためにあの世を意識するのです。あの世を意識できなければ、亡くなった先祖や友人のことを思い出してみてください。あの世にいる先祖や友人が集合エネルギーにあなたの意識をつないでくれる、水先案内人になってくれるのです。

○自分が生きていることに感謝します。
これは非常に大切なことです。不平不満の人には、不平不満の結果しか現れないからです。

○死を前提に生きることです。
生を受けた者に必ず訪れるのが、死です。しかし、現代ではそのことすら考えないようになってしまいました。そのため、生き方すらわからなくなってしまいました。何度も言うように、死を考えると、どう生きるかが見えてきます。

波動を出す

○テレビ・ラジオ効果
イラスト⑦（一六六頁）で説明したように、この世とあの世との関係は、テレビと電波の関係です。テレビが画像を映し出すのは、テレビが受け取りたい電波と同じ周波数の電波を出すからです。

あの世からのメッセージを受け取るためには、自分が波動を出すことです。出せば、あの世からの波動と共鳴現象が起こり、必要な情報を得ることができるようになります。

ビジョンを絶えず想い描く

○ビジョンとは、想いである

物事には具体性がなければ実現のしようがありません。どうしたいのか、どうなりたいのかを真剣に考え続けていると形が見えてくるようになります。これがビジョンです。頭の中でイメージできるようになれば、現実化に向けて大きな一歩を踏み出したことになります。

○想いとは、意識のエネルギーである

○そしてエネルギーが高まって物質化することになる

想い続けることは、意識のエネルギーを溜め込んでいるのです。その意識のエネルギーが溜まりに溜まれば、物質化します。これを明らかにしようとしているのが、量子脳理論です。つまりは、あきらめないでやり続けることが成功の近道になることが証明されるのです。

☆プラスのエネルギー

ここで重要なことは、プラスを意識するということです。

というのは、ほとんどの人が「想い＝エネルギー」であることに気づかないまま、無意識にマイナスの想いを発信してしまい、嫌な出来事を引き寄せてしまうからです。

人間の意識そのものは、「∞（無限大）」のとんでもないエネルギーを持っています。一人一人が、その強大なエネルギーを持つ発信機なのです。

その意識が及ぶ範囲は、宇宙の果てではなく、あの世にまで及びます。

そのエネルギーを自分でコントロールできれば、奇蹟は起こせます。人生を自在に変えることができるわけです。

受信観測を続ける

○自分の意識エネルギーをどう発信させるか、どの方向に発信させるかで、自分がどういう現実を作り出したのかが決まってきます。これが「思いは現実化する」という量子論の基本的考えですから、考えてはいけないことを考え、心配してはいけないことを心配してはいけません。
○自分が出した想いのエネルギーが正しくあの世へと届いているかを確かめたいなら、受信観測を続けることです。その受信観測とは、これまで自分がどう考えてきたのかをしっかりと記録に残すことです。
○受信（身の回りに起きる出来事）を観察し続けることで、新たな発信（展開）ができます。

行動第一

私が多くの挫折的な体験から学んだことは、体験で得た意識に勝る意識エネルギーは無いということです。ですから皆さんにも、行動第一をお勧めします。

○初めての経験をどしどしやりましょう。

○初めてなので、挫折、失敗は当たり前です。

○その体験が修行となり、生きるエネルギーを高め、集合エネルギーにコンタクトしやすくなります。

○そうすると、関係ないような小さな共時現象が始まります（小さな奇蹟が起きる）。

当り前のことですが、誰もがやったことのないことをやろうとすると、いままで体験したことがない、いろんな問題が出てきます。

そこで大事なことは、それで諦めてはダメだということです。体験で意識が強くなるということは、問題が出れば出るほど、それをなんとかしようという強い意思を持ち続けることで出てきます。

その想いが波動となって、集合意識につながり、小さな共時現象が始まるのです。

小さな共時現象が起き始めると、ある日突然、大きな奇蹟を呼び起こします。

私の場合、ウィークリーマンションやワンワンオフィスがそうでした。

そしてそれが、今進めている「昭和三十年代村」につながっています。まさに私にとって昭和三十年代村は量子論的生き方の証明の場でもあるのです。

意識のコントロール

何度も同じ繰り返しになりますが、量子論的生き方で重要なのは、どういう意識を持って生きているかです。マイナスの意識であればマイナスを引き寄せ、プラスの意識を持てばプラスを引き寄せます。

よい意識を持つためには、自分の意識をいつも観察することが、意識エネルギーを正しく使うことになります。

次に示すのは私のやり方ですが、みなさんなりに工夫してやってみてください。

○自分の行動、その時思ったことも記録します。

○記録を見返し、観察します。すると今まで気づかなかったことが見えてきます。
○そこから、こう行動したらこうなるという仮説が立ちます。
○小さくてもよいので、具体的な目標を立てます。
○それを行動化するために、行程表、必要に応じて見積もりを立てます。
○そして何より大切な、実行です。
○行動は発信、宣伝となり、これを繰り返すことで、自分の意識をコントロールできるようになります。

記録するとは、簡単に言ってしまうと自分自身を知ることです。自分自身を知ることで、初めて自分が生まれてきた意味も考えることができます。

私はこれを「情報整理」と呼び、毎日の行為行動を記録し残しています。

この情報整理で大事な点は、「科学する」という考え方です。

ですから、何が起きてもその出来事を正確に記録します。そしてそれがなぜ起きたのかを考え、検証していきます。その起きている意味を考えることで、一つの仮説が出てきます。

その仮説を自分なりに理解するために、次に、実験、実行するのです。

それがその通りになれば、一つの方法を手に入れたことになります。

それが自信となって、次の段階へと飛躍することができるのです。

体調のコントロール

体調は行動意欲に大きく関係しますので、そのコントロールはすこぶる大事です。普通で考えれば体の調子となりますが、同時に心の調子も大事になってきます。しかし、この心の健康というのは非常に難しく、どん底状態でプラスに考えろと言われてみても、そう簡単にはできないものです。

それは慣れと時間でしか解決できません。ですから挫折を体験することは、強い心を創るうえでも大切なことになります。

それと時間、時間が経てばウソのように心が晴れています。

一番大事なことは、心の調子が悪いといって、体まで悪くしないことです。となるとやはり何事もプラスに考える癖をつけることが大事になってきます。

体の健康については、私自身の体験から申し上げます。

病気になることは、これこそ、自己責任と言ってよいでしょう。自分がやっていることが自分に跳ね返ってくるのが病気だからです。

私が脳梗塞になるのも当然の出来事でした。油濃いもの、塩辛いものが好きで、夜中、情報整理をしながら、食べていました。それを二十数年毎日続けていたのですから、身体がシグナルを送ってきて当然です。

自分がやりたいことを見つかったとき、身体が動いてくれなければ何にもなりません。「腕がいい職人ほど、道具を手入れして大事にする」のと同じように、食事と運動で自分の身体の手入れを日頃から心がけて行ないましょう。

○すべては振動数　～呼吸、鼓動、脳波、血圧を整えましょう。

○自然治癒力を高めるために

食事、運動、できるところから改めます。

スクワット、ジョギングなどを行い、万歩計でチェックしましょう。

肉食から魚へ、野菜中心に、油塩分をひかえましょう。

時間のコントロール

赤ちゃんからお年寄りまで、どんな人にも共通に与えられているのが時間です。しかも一日二十四時間と決まっています。そして過ぎた時間は、絶対に返ってきません。やり直しが利かないのです。

ところが人は、人生の中で時間ほど無駄にしているものはないのではないでしょうか。

例えば、残り三分と言われて、あなたはどう感じるでしょうか。

「たったの三分」と思うか「まだ三分ある」と思うか。その受け止め方によって、その先の人生はまるで違ってきます。

ボクシングの一ランドは三分です。長いと思いますか、短いと思いますか。短いと思う人は三分間縄跳びをしてみてください。

三分がこんなに長いとは思わなかったと感じるでしょう。

時間を生かすも失うも、有効に使おうという意識があるかないかで決まります。

○自分の成長のために、時間を使っているかどうかチェックしてみましょう。

○消費時間を減らし、生産時間を増やしましょう。

肉体労働、読書、勉強、実務に役立つ資格の取得

ボランティア活動

○暇だから余計なことを考えます。忙しくすることで、悩んだり苦しんだりすることを少なくすることができます。

時間は、ただ使うのではなく投資的に使いましょう。

投資的にとは、自分の生き方にプラスになる時間の使い方です。下品なテレビを視て時間を過ごすことはまさに浪費です。楽しいから、面白いからと時間を使うのは、次につながる時間であるかどうかで判断しましょう。

お金については、これはこうして使おうとか、こう使えば無駄だとか結構考えるものですが、時間についてはほとんど考えません。

時間こそ、人生において限られたものです。ですから、活かす方法が大事なのです。

奇蹟の起こし方

私は様々なテーマで年間一〇〇本くらいの講演活動を行っています。その中で、いま一番関心が高いテーマが「死後の世界と量子論」です。これは講演会への参加者が高齢化してきていることと関係しているからだと思いますが、講演会で、皆さんに必ず聞くことがあります。

「この中で奇蹟を体験されたり、信じている方はいますか」。

だいたい三分の一から二分の一くらいの方が手を上げますが、奇蹟を信じる人とそうでない人とはっきりと分かれてしまいます。

奇蹟を信じている人は、多かれ少なかれ自分がそういう奇蹟体験をしているか、奇蹟が自分にも起きていることに気付いている人です。奇蹟は誰にでも起きていますので、手を上げない人は気付いていないだけなのです。

◯スプーン曲げでわかること

「カギやスプーンは簡単に曲げられます」。そう教えられて、素直に信じれば、できます。

素直に信じて曲った状態をイメージすれば、その想いが意識のエネルギーとなって、曲ったという現実を引き起こすのです。「そんなのはウソ」「できるはずがない」と思えば、できません。素直に信じる女性の方が、簡単にスプーンを曲げたり、折ったりしてしまいます。

○テレパシー

テレパシーとは、「特別な道具を使うことなく遠隔の者と言葉を交わさずに通信する能力」（Wikipedia）のことですが、アインシュタインが提案した「ＥＰＲパラドックス」を一九八六年に英クラインポッペンが実験で証明したことで、量子論的にはその存在自体が明らかになっています。

（詳しくは、「ＥＰＲパラドックス」をネットで検索するか、前著『人生の意味と量子論』を参照してください）。

○壁の通り抜け現象

イラスト⑧（一六八頁）で見たように、これは「トンネル効果」と呼ばれる現象で、八十年も前に分かっていました。太陽光がガラス越しに差し込んできたり、携帯電話で実際私たちはこの現象の恩恵を受けています。

○タイムマシン

人は誰でも、「意識」という、タイムマシンを持っています。意識は瞬時に移動できます。

昔の写真が出てくれれば、その時間にタイムスリップできます。自分がこうなりたいとイメージすれば、未来に行くこともできます。このタイムマシンで、過去や未来は変えられるのです。（第三章、「遅延選択」参照）。

○死んだ人にも意思の疎通ができる

亡くなった人を思い出すことで、「意識」は、あの世にだって行くことができます。

そうです。これらはすべて波動の原理です。波動を上手に使うことで奇蹟的な現象が起こります。

「人事を尽くして天命を待つ」という言葉があります。これは、人事を尽くすことで強い意志のエネルギーが発信され、天が必要に応じて恵みを与えてくれるということです。

ですから平凡な毎日の中で、奇蹟が起きることはありえません。

奇蹟を起こそうとすれば、やったことのないことに初めてチャレンジしてみることです。

最初からうまく行くことはありません。余計なことをすると、ムダが多くなり、かつ失敗して嫌な思いをするものですが、そのムダ、余計なエネルギーを使うことが、精神を鍛え、強い意志を培ってくれます。

失敗から学び取ったいい波動を出すことにより、奇蹟を呼び込んでくるのです。

量子脳理論が言うように、想いが強くなればなるほど、意識は物質化しやすくなります。自分が出している波動が目に見える物質にぶつかって、スプーン曲げといった現象を引き起こすのです。

しかし、その影響がどう出てくるのかは予測できません。自分が望んでいることもあれば、全く関係のない所で出てくる場合もあるからです。

私自身、「こんなことをしていて何になるのか」と思うことが多々ありましたが、今では、ムダはあり得ないと思えるようになりました。

時間のムダ、金のムダ、労力のムダには、必ず別の意味があります。

伊東で進めていた「昭和三十年代村」と商店街の活性化が、突然頓挫したこともそうです。とんでもないムダのように思われますが、私にとっては、あの経験があったからこそ、今の福島会津の件が持ち込まれたのだと思えるのです。

自分がやりたいことが明確にあれば、一見、ムダと思えることも全部つながってくるのです。奇蹟によって、つながってくるのです。

アラジンの不思議なランプの使い方

この話もいろんなところでしています。アラジンのランプとは、願いを叶えてくれる不思議なランプのことです。量子論的に言えば、ランプは潜在意識にあたります。

○潜在意識は、あの世とのアンテナの役割を果たします。
○潜在意識は、無限大の能力を持つ強力な発信機とも言えます。

人は全員、この不思議なランプを持って生まれてきていますが、ほとんどの人は持っていることに気付きません。気付かないまま、一生を終えてしまいます。また、気付いている人でも、逆に擦っている人がほとんどです。

「一億円あったらうれしいですか」
「うれしいです」
「あったら何を買いますか」
「マンション」

「二億円を手に入れるいろんな方法がありますが、何をしますか」
「宝くじを買う」
「買っていますか」
「買っていません」
「どうしてですか」
「当たらないかもしれないから」

これが、逆に擦っている人の例です。当たらないと思っている意識が、潜在意識である「アラジンの不思議なランプ」に作用して、宝くじが当たらない現実を引き寄せてくるのです。潜在意識は、自分がこうしたいという意識を「∞（無限大）」のエネルギーに換えてくる「増幅器」の役割を果たしています。

良い波動を出すことがいかに大切か、ここでもそれがわかると思います。

挫折先行のすすめ

体調のコントロールの項でも触れた心の健康、心を強くするには挫折の体験をすることです。私はそれをすすんでやることをお勧めします。

誰でも挫折や失敗はしたくありません。しかしそれを恐れていては、何も前に進みません。何もしないで失敗しないことも一つの生き方ですが、それでは生まれてきた意味がなくなってしまいます。

よく「時間ができたらやります」と言う人がいますが、そういう人は人間に成長がありません。行動してみる。体験してみる。やれば意外とできるものです。それで失敗してもすべてが勉強で必ず自分のためになります。

○今、悩んでいることが、与えられた試練です。

それが修行となるからこそ、人間が大きくなります。

○失敗や挫折に耐えてこそ、強い意志が生まれ、あちらの世界につながりやすくなります。

○中村天風の話

「崖から落ちて、木に引っ掛かりぶら下がった。

助かったと思ったら、上からは毒ヘビが来て、下には虎が待っている」

腕がしびれてきた。

さて、どうする。

答えは、「力尽きるまでそのままでいること」。

事態が変化するのは、往々にして力尽きる一歩手前の瞬間です。それでダメなら、それが「天命」として受け止めるしかありません。そこからまた新たな人生が始まります。

胸を張って幸せに死ぬために

私が二度の臨死体験をして感じたのは、二つのことでした。

「なんらこの世に思い残すことはなかった」

「なんらやましいことがなかった」ということです。

他の臨死体験者の話によれば、迎えが来てくれるというのですが、私はそこまでの経験ではありませんでした。でも意識を失っていく瞬間に、そう感じられたことは、私にとって本当に幸せなことです。

では、どうしたらこの世に未練を残さないように生き、胸を張って死ぬことができるでしょうか。

それには、自分がどういう最期を迎えたいのかを意識して生きることです。

死に方を真剣に考えることが、毎日をどう生きていくかにつながっているからです。

死を遠ざけて、怖いもの、来てほしくないものとするよりも、はるかに充実した人生をおくることができるはずです。


マイケル・ジャクソンさんが突然亡くなりました。

彼の葬儀を見て、みなさんは何を感じましたか。

追悼式に出席したのは、二万人。世界で十億人もの人がその式を見て、悲しみを同じくしたと伝えられています。これだけの葬儀になったのは、まさに彼の生きざま。それだけのものをこの世に遺したからではないでしょうか。

自分の葬儀の様子はしっかり自分で見ていると言います。

マイケル・ジャクソンさんも、皆が別れを悲しんだり、これまでの出会いに感謝したりといった葬儀をしてもらい喜んでいるのではないでしょうか。


「昭和三十年代村」では、結婚式も、葬式も、村人全員だけではなく、村を訪れて下さっている人も含めて、ともに喜び、ともに笑い、ともに悲しむものにとしたいと考えています。

昔の田舎では、みんなそうでした。

こうして送られる人は、誰もが幸せを感じて、あの世へと旅立っていけるのではないかと思うからです。

昭和三十年代村こそ、量子論的発想が生み出した

「ガイア理論」によって、地球は一つの生命体であるとする見方が出てきましたが、量子論で考えてみれば、この宇宙全体もまた、大きな一つの生命体です。

今は人類も七十億人近くにもなり、他の生命まで含めれば、どれほどの生命がこの地球で暮らしているか想像もできませんが、もともとはたった一つの巨大なエネルギーの爆発、「10×マイナス35乗メートル」という想像できない極小の世界から、この物質世界、生命は生まれてきたのです。

「もとをたどれば、すべては同じ」

これが「大統一場理論」で、最先端の物理学者がこの命題に取り組んでいます。

このことが意味することは、

「一部が全体であり、全体もまた一部である」

ということです。

量子論の「超ひも理論」で考えれば、物質は皆、エネルギーのひもが振動して出来上がっています。自分も、他人も、外国人も、動物も、木や花も、テレビも、量子論で見れば、皆同じ「ひも」で出来ているのです。ただ、振動数が違うから違ったものとして映っているだけなのです。

自分も全体の中の一部であり、また、全体につながった存在なのです。

肉体を持っているがゆえに、「個」であると勘違いしていますが、全体とつながった一部なのです。

「個」として全体とつながっていると感じられる一つの例が、「奇蹟」でしょう。

自分がこうしたいと思うことが見えない世界に作用してその現実を引き寄せてくるからです。

こうした共時現象を引き起こすのは、難しいことではありません。

何度も言うように、自分がやりたいことに挑戦し続ければいいだけのことです。

そうすれば、「奇蹟の起こし方（二一七頁）」でお話したように、奇蹟が起きて、「これは本当のことだ」と実感できるようになります。

私自身がこう考えてやっているのが、「昭和三十年代村」なのです。

これからこの村の形が出来て、村人が住んで実際の生活が始まって人が訪れるようになった時、これは、一つの村を一から作って成功したということ以上に、私の「量子論的生き方」が証明されたことになるのです。

まずは意識すること
これを明確なビジョンにすること
一歩踏み出してやってみる
最初からうまくいかないのが当たり前
それでもやり続ける
やり続けていれば、小さな奇蹟が起きてくる
「やっていることは間違いない」と自覚させられる
そして、一つの明確な道が見えてくる

振り返ると、はっきりとして形が出来上がっている

この「昭和三十年代村」こそが、「意識エネルギーが強ければ、物質化を引き起こす」という量子論を、物理学の実験場ではなく、この現実の世界で証明する出来事となるのです。ワクワクした私の気持ち、みなさんに伝わるでしょうか。

――補足として――

「昭和三十年代村計画」として初めてその構想を紹介したのが、二〇〇二年（平成十四年）四月発行の『一〇〇〇億円を失って』でした。

すでに七年は経過していますが、その思いは変わっていません。

「私の使命は、土地の有効活用であり、人材の発掘と育成・支援である」

「その究極の理想のプロジェクトが昭和三十年代村計画である」

「昭和三十年代の日本を再現したような村を、ひとつの自治体としてつくりあげる」

「お年寄りも子供も、そこに住む住民はそれぞれに役割を持つ」

「人間にとって本当の幸せとは、死ぬまで自分が主役で生きること」

「そして、誰かに必要とされ続けることだと思う」

「この村が実現したら、土地活用問題、介護問題、住居問題、そして親子のふれあいといった、現代社会の中で解決すべき問題が、ここで一気に解決するのではないだろうか」

最近の経済状況を考えると、益々この必要性を強く感じます。さらなる決意を込めて、その時のイラストを再掲載することにします。

祭
日活映画劇場
○○食堂
BAR BER
CIGER STAND
にく

昭和三十年代村　会津計画

二〇〇八年（平成二十年）十二月の末、「昭和三十年代村」として活用できないものかと持ち込まれたこの会津の対象地は、福島県会津若松市の市内から車で二十分くらいに位置し、人造湖である陣馬湖（三十五万坪）を含めて広がる八十万坪の大別荘地です。

出来上がりをイメージしたイラストです。

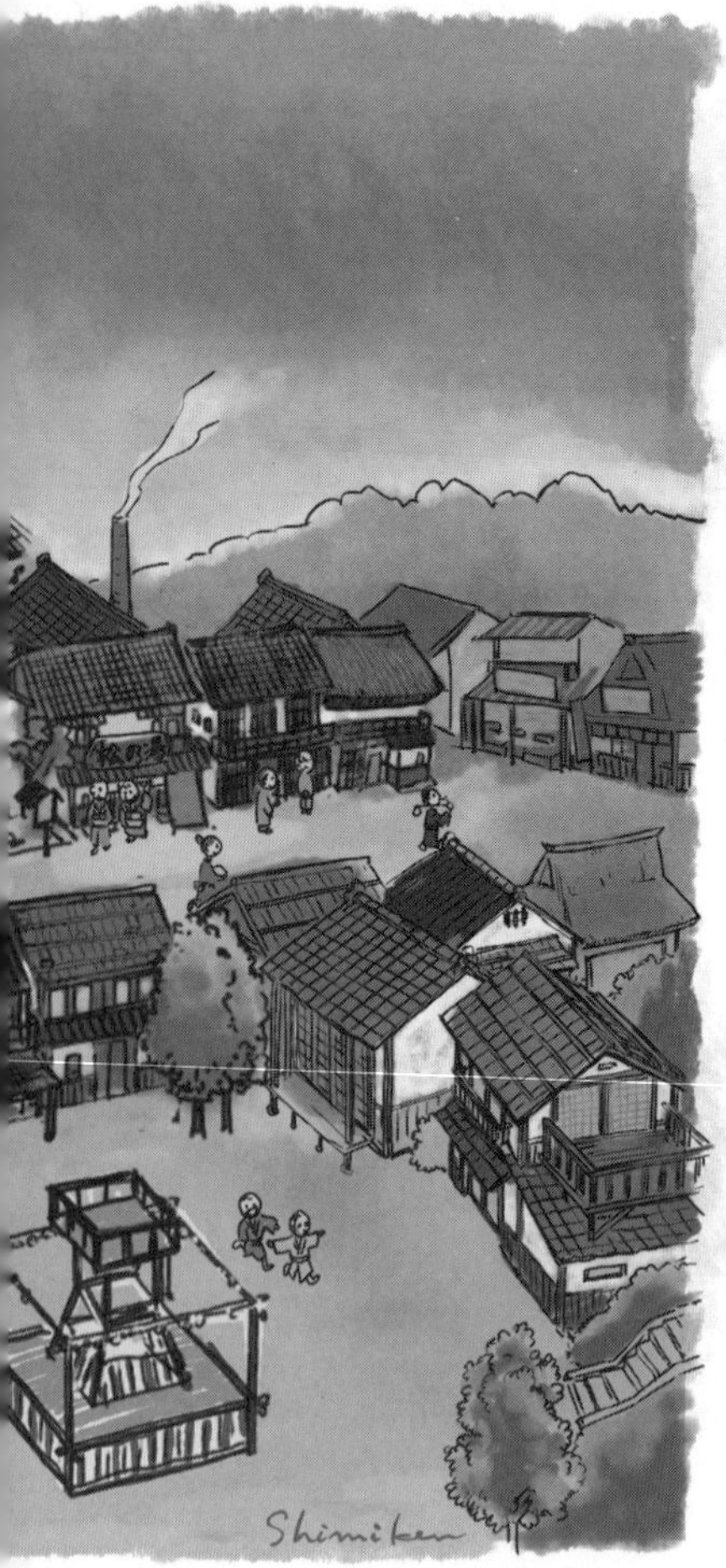

第五章　量子論の活かし方

おわりに

「明日死ぬ」ことを前提に考えれば……

人間は「必ず死ぬ」。これは誰も否定できない事実です。

それがわかっていて、死を真剣に考えて生きている人は、どれくらいいるのでしょうか。


私は、絶えず自分の死を前提に生きることが、本当に自分が生まれてきた意味を理解できると思っています。

生きる意欲とは、死ぬ間際に「そんなはずではなかった」と、後悔することのない人生を送ることを考えることから、出てくるものであると考えています。

人は大変な出来事や大病で、生きるか死ぬかの体験をすると、以前とはまるで別人のように変わってしまうことがあります。それは人生の見方や考え方ががらりと変わったからです。

私自身、二度の臨死体験をして変わったことの第一は、日々感謝して生きられるようになったことです。

それ以前は、仕事のことで精神的に悩んだり、死のうかと思ったこともありましたが、あの世に行って帰ってきますと、仕事で何があろうとも、今日一日、生きられただけで感謝の気持ちが出てくるのです。

母が亡くなってから朝晩、仏壇に手を合わせるようになりましたが、最初は「何かいいことがありますように」とか、「怪我しませんように」とか、自分に都合がいいことばかりをお願いしていました。

そして臨死体験後は、「今日一日、いい日でありがとう」「明日もいい一日でありますように」と、感謝の気持ちになれました。

その日一日、どんなに辛いことがあったとしても、生きてさえいられれば、それだけで「ありがとう」です。

毎日、毎日を感謝して生きていくと、自分が死ぬ瞬間まで満足した気持ちでいられます。

あの世に行く瞬間には、〝走馬燈〟のように自分の人生を振り返る、フラッシュバックがあるといいます。臨死体験者の本を読んでいますと、「こんなはずではなかった」と思う人もいるそうですが、私はそうではありませんでした。「これでいいのかな」というあきらめの気持ちと、「これで楽になれるな」というホッとした気持ちが同時にありました。ただ気がかりがあるとすれば、家族のことでした。

自分については、人の五倍、十倍倍以上の経験をして生きてきたので、満足でした。そしてそれ以上に「これで楽になれる」と思って気を失っていったのですが、目が覚めてしまいました。この世に戻ってきたのです。

これは、この世にまだやり残したことがあるからだと思っています。

この体験から感じたのは、身近に死を体験すると、もう怖いものがなくなることです。同時に、死んでいく時には、何も持って行けないことに気付かされました。たった一つ、持って行けるのは、「思い出」だけです。

その時、私は本当に幸せだと思ったのは、なんら自分の人生に後悔することがなかったことです。ある意味、神と呼ばれる存在がそこにいても、正々堂々と、「私はこれだけの努力をして生きてきました」と言えるだけの生き方をしてきたのだと思いました。

人生一〇〇年、そう長くない先に間違いなく死がやってきます。死ぬ瞬間、「十分に生きた」と言えるように、これからの残された人生を生きてください。死んでから神様に向かいあった時に目を背けたり、堂々と正面を向けないような生き方だけはしないでください。

死を考えることで、生を真剣に考えるようになります。

本書が、あなたの人生に役立つことを心から願っております。

※　※　※

前著『人生の意味と量子論』を出した直後、この本で書いたことをそのまま臨死体験という形で経験させられ、二度ともあの世へは行かずに、この世に戻されてきました。

しかも、脳梗塞になったとは思えないほど、後遺症が全くない状態で、この世に戻されたのです。こんな奇蹟が私に起きたのは、本書を著して、死をタブーとしてしまった現代日本に一石を投じさせる役割が私にあったからかもしれません。

最後になりますが、臨死体験を通して感じたことを伝えたい。死とは何かを考えてほしい。そして生きているとはどういうことかに気付いてほしいという私の思いに応えて、前著同様、出版を引き受けてくれたのは、高木書房の斎藤信二社長でした。

また、編集作業に力を入れていただいた秋山企画編集室・秋山忠生氏、そしてイラスト作成はツカサ制作部の清水建治氏の協力を得ました。

記して、深甚なる感謝の意を表します。

二〇〇九年（平成二十一年）八月五日

川又　三智彦

(著者略歴)

川又　三智彦（かわまた　さちひこ）（幸彦）

1947年（昭和22年）、栃木県生まれ。
米国ノースウェスタン・ミシガン・カレッジに留学。
帰国後、家業の不動産業を継ぎ、1983年に「ウィークリーマンション」事業を始め大成功を収める。しかし、バブル崩壊で「借金1000億円」に転落。その後、数々の事業を手がけながら、独自に情報整理術や経済知識を会得する。現在「昭和30年代村計画」など、新事業に挑戦し続けている。
ツカサグループ代表。

主な著書に『バカなボクでもこれだけできた』『1000億円失って』『「昭和30年代村」作ります』『二極化ニッポン』『2017年日本システムの終焉』『2020年の日本からの警告』『人生の意味と量子論』などがある。

死の意味と量子論

平成二十一年九月一日　発行

著　者　川又　三智彦
発行者　斎藤　信二
発行所　株式会社　髙木書房
〒一一六―〇〇一三
東京都荒川区西日暮里二―四六―四―七〇一
電　話　〇三―五八五〇―五八一〇
FAX　〇三―五八五〇―五八一一
印刷・製本　壮光舎印刷株式会社

落丁・乱丁は弊社負担にてお取替えいたします。

© Sachihiko Kawamata 2009
ISBN978-4-88471-079-8
Printed in Japan

人生の意味と量子論

川又　三智彦

四六判ソフトカバー　二三七ページ　定価一四七〇円

バブル崩壊で一〇〇〇億円を失った著者が、自分の人生を科学的に考えることで知った量子論の世界。

そこには未知の法則が存在し、量子論によって、あの世の実在までが証明されようとしている。

量子論の結論は、この世のすべては自分の意識が創造しているということ。

良きことを思えば良きことがやってくる。もう自分で自分を苦しめるはやめようと著者は呼びかける。

高木書房